法大法考

2022年国家法律职业资格考试

金题解析

国际法·国际私法·国际经济法

（第七册）

法律职业资格考试培训中心（学院） ◎编著

邹龙妹◎编写

中国政法大学出版社

2022·北京

图书在版编目（ＣＩＰ）数据

2022 年国家法律职业资格考试金题解析/法律职业资格考试培训中心（学院）编著.—北京：中国政法大学出版社，2022.5
ISBN 978-7-5764-0438-8

Ⅰ.①2… Ⅱ.①法… Ⅲ.①法律工作者－资格考试－中国－题解 Ⅳ.①D92-44

中国版本图书馆 CIP 数据核字(2022)第 082728 号

出　版　者	中国政法大学出版社
地　　　址	北京市海淀区西土城路 25 号
邮寄地址	北京 100088 信箱 8034 分箱　邮编 100088
网　　　址	http://www.cuplpress.com（网络实名：中国政法大学出版社）
电　　　话	010-58908285(总编室) 58908433（编辑部）58908334(邮购部)
承　　　印	保定市中画美凯印刷有限公司
开　　　本	787mm×1092mm　1/16
印　　　张	116.25
字　　　数	2700 千字
版　　　次	2022 年 5 月第 1 版
印　　　次	2022 年 5 月第 1 次印刷
定　　　价	380.00 元（全 8 册）

目　录

国际法

国际经济法

国际法

第一章 导 论

第一节 国际法的渊源

国际法的基本原则

1. 亚金索地区是位于甲乙两国之间的一条山谷。18世纪甲国公主出嫁乙国王子时,该山谷由甲国通过条约自愿割让给乙国。乙国将其纳入本国版图一直统治至今。2001年,乙国发生内乱,反政府武装控制该山谷并宣布脱离乙国建立"亚金索国"。该主张遭到乙国政府的强烈反对,但得到甲国政府的支持和承认。根据国际法的有关规则,下列哪一选项是正确的?(2007 – 1 – 30,单)[1]

A. 国际法中的和平解决国际争端原则要求乙国政府在解决"亚金索国"问题时必须采取非武力的方式

B. 国际法中的民族自决原则为"亚金索国"的建立提供了充分的法律根据

C. 上述18世纪对该地区的割让行为在国际法上是有效的,该地区的领土主权目前应属于乙国

D. 甲国的承认,使得"亚金索国"满足了国际法上构成国家的各项要件

【考点】国际法基本原则

【解析】A错误。和平解决国际争端原则:各国发生争端时,都必须采取和平的方式予以解决,禁止将武力或武力威胁的方式付诸争端解决的过程中。1928年《巴黎非战公约》首次把和平解决国际争端规定为一项普遍性的国际义务。而亚金索国并非国际法主体,所以不应适用该原则。

B错误。民族自决原则:民族自决原则中独立权的范围,仅仅适用于殖民地民族的独立,不得扩大适用。对于一国内的民族分离主义活动,不得援引民族自决原则作为根据。严格禁止任何国家假借民族自决名义,制造、煽动或支持民族分裂行为。

不使用武力原则:包括禁止侵略行为、禁止从事武力威胁和进行侵略战争的宣传。例外:自卫、联合国集体安全制度下的武力使用。

C正确。

————————

[1] C

D错误。承认是承认者对被承认者出现这一事实作出的单方面行为。它表明对事实的接受而不改变被承认者的性质。

2. 关于国际法基本原则，下列哪些选项是正确的？（2013－1－75，多）[1]

A. 国际法基本原则具有强行法性质

B. 不得使用威胁或武力原则是指禁止除国家对侵略行为进行的自卫行动以外的一切武力的使用

C. 对于一国国内的民族分离主义活动，民族自决原则没有为其提供任何国际法根据

D. 和平解决国际争端原则是指国家间在发生争端时，各国都必须采取和平方式予以解决

【考点】国际法的基本原则

【解析】A正确。依据《维也纳条约法公约》，国际法基本原则具有强行法性质，但是，并不是所有的强行法规则都是国际法基本原则。

B错误。B选项遗漏了联合国集体安全制度下的武力使用。

C正确。民族自决原则是指在帝国主义殖民统治和奴役下的被压迫民族具有自主决定自己的命运，摆脱殖民统治，建立民族独立国家的权利。该原则中的民族独立权，只严格适用于殖民地民族。

D正确。1928年《巴黎非战公约》和1945年《联合国宪章》后，根据现代国际法，国家间在发生争端时，各国都必须采取和平方式予以解决，禁止将武力或武力威胁的方式付诸任何争端的解决过程。

第二节　国际法与国内法的关系

3. 中国参与某项民商事司法协助多边条约的谈判并签署了该条约，下列哪些表述是正确的？（2012－1－74，多）[2]

A. 中国签署该条约后有义务批准该条约

B. 该条约须由全国人大常委会决定批准

C. 对该条约规定禁止保留的条款，中国在批准时不得保留

D. 如该条约获得批准，对于该条约与国内法有不同规定的部分，在中国国内可以直接适用，但中国声明保留的条款除外

【考点】条约缔结、条约保留、国际条约在中国的适用

【解析】A错误。表示同意受条约的拘束是缔约程序中最关键的环节，任何缔约主体只有作出同意受某一条约约束的表示，才能成为条约的当事方。而表示的主要方式有签署、批准、加入和接受。是否批准及何时批准一项条约，由各国自行决定，国家没有必须批准其所签署的条约的义务。

B正确。《缔结条约程序法》第7条第1款规定："条约和重要协定的批准由全国人民代表大会常务委员会决定。"

C正确。根据《维也纳条约法公约》的规定，下列情况下不得提出保留：（1）条约规定禁止保留；（2）条约准许特定的保留，而有关保留不在条约准许的保留范围内；（3）保留与条约的目的和宗旨不符。

---

[1] ACD　[2] BCD

D 正确。根据《维也纳条约法公约》的规定，凡有效的条约对其各当事国具有拘束力，必须由其善意履行，一国不得以其国内法规定为理由而不履行条约。国际法在我国国内适用情况分为 3 种方式，条约的直接适用、条约与相关国内法的并行适用、条约须经国内立法转化才能适用。一般而言，在民商事范围内，中国缔结的条约与国内法有不同规定的，在国内可以直接适用。《中华人民共和国民事诉讼法》第 260 条规定："中华人民共和国缔结或者参加的国际条约同中华人民共和国的民事法律有不同规定的，适用国际条约的规定，但中华人民共和国声明保留的条款除外。"

第二章　国际法律责任

第一节　国际法主体

一、国家的管辖权与国家主权豁免

1. 甲国政府与乙国 A 公司在乙国签订一份资源开发合同后，A 公司称甲国政府未按合同及时支付有关款项。纠纷发生后，甲国明确表示放弃关于该案的诉讼管辖豁免权。根据国际法规则，下列哪一选项是正确的？（2010 - 1 - 30，单）[1]

A. 乙国法院可对甲国财产进行查封

B. 乙国法院原则上不能对甲国强制执行判决，除非甲国明示放弃在该案上的执行豁免

C. 如第三国法院曾对甲国强制执行判决，则乙国法院可对甲国强制执行判决

D. 如乙国主张限制豁免，则可对甲国强制执行判决

【考点】国家及其财产豁免权

【解析】A 错误，B 正确。国家豁免权的放弃，是指国家可以自愿地就某种特定行为或不行为接受外国法院的管辖。一国对司法管辖豁免权的放弃，并不意味着对执行豁免的放弃，即外国法院不能因一国放弃管辖豁免权而对该国国家财产实施扣押、查封等强制执行措施，执行豁免的放弃必须另行作出明示表示。

C 错误。国家豁免权的放弃，是一国对于某种特定行为或某个方面的放弃，此种放弃必须是自愿的、特定的、明确的，不能将一国的豁免权放弃推移到其他国家身上。

D 错误。乙国主张限制豁免，即使甲国接受其主张而不能援引管辖豁免，也并不意味着甲国放弃了对其财产的执行豁免。

2. 甲国某公司与乙国驻甲国使馆因办公设备合同产生纠纷，并诉诸甲国法院。根据相关国际法规则，下列哪些选项是正确的？（2014 - 1 - 75，多）[2]

A. 如合同中有适用甲国法律的条款，则表明乙国放弃了其管辖的豁免

B. 如乙国派代表出庭主张豁免，不意味着其默示接受了甲国的管辖

C. 如乙国在本案中提起了反诉，则是对管辖豁免的默示放弃

D. 如乙国曾接受过甲国法院的管辖，甲国法院即可管辖本案

【考点】国家主权豁免、2004 年《联合国国家及其财产管辖豁免公约》

【解析】A 错误。一国同意适用另一国的法律之行为不应解释为同意另一国的法院对其行使管辖权。

---

[1]　B　[2]　BC

B 正确。如乙国派代表出庭主张豁免，不意味着其默示接受了甲国的管辖。

C 正确。国家豁免权的默示放弃包括：起诉、应诉、反诉、利害关系人介入。

D 错误。依照《公约》第8条和第9条的规定，如果一国本身就该事项或案件在他国法院提起诉讼、介入诉讼或提起反诉，则亦不得在另一国法院中援引管辖豁免，此即国家豁免的默示放弃形式。

3. 甲国人张某侵吞中国某国企驻甲国办事处的大量财产。根据中国和甲国的法律，张某的行为均认定为犯罪。中国与甲国没有司法协助协定。根据国际法相关规则，下列哪一选项是正确的？（2011 - 1 - 33，单）[1]

A. 张某进入中国境内时，中国有关机关可依法将其拘捕

B. 中国对张某侵吞财产案没有管辖权

C. 张某乘甲国商船逃至公海时，中国有权派员在公海将其缉拿

D. 甲国有义务将张某引渡给中国

【考点】属人管辖权、属地管辖权、保护性管辖权、普遍性管辖权、引渡

【解析】A 正确，B 错误。保护性管辖权，是指国家对于在其领土范围以外从事严重侵害该国或其公民重大利益行为的外国人进行管辖的权利。一个国家欲行使保护性管辖权必须要符合两个条件：（1）外国人在领土外的行为所侵害的是该国或其公民的重大利益，构成该国刑法规定的罪行或规定应处一定刑罚以上的罪行；（2）该行为根据行为地的法律同样构成应处刑罚的罪行。实施保护性管辖权可以通过两种方式实现：（1）行为人进入该受害国境内被依法拘捕和管辖；（2）通过国家间对行为人的引渡实现受害国的管辖权。

C 错误。公海领域内，中国没有权力对于张某采取刑事措施。公海不属于任何国家的领土，国家不得对公海本身行使管辖权或在公海范围行使属地管辖权，但可以基于国际法有关管辖规则和相关连接点，行使船旗国管辖和普遍性管辖。船旗国管辖，是指国家对于公海上悬挂其旗帜的船舶以及船舶上的人、物、事件的管辖，一般属于船舶内部事务或与其他国家船舶在公海发生的碰撞或其他航行事故而发生的纠纷。公海上的普遍性管辖，是指各国对发生在公海的，被国际法认为是普遍管辖权对象的特定国际罪行或违反国际法的行为行使管辖权。这些罪行或不法行为包括：海盗行为、非法广播、贩卖奴隶或毒品等。

依据国际法实践，国家管辖权一般包括以下几种类型：属地管辖权、属人管辖权、保护性管辖权、普遍性管辖权。

D 错误。在国际法中，国家一般没有引渡义务，除非国家之间有引渡条约。在没有相关的引渡条约的情形下，针对他国的引渡请求，被请求国可以自由裁量。

二、国际法上的承认与继承

4. 甲乙二国建立正式外交关系数年后，因两国多次发生边境冲突，甲国宣布终止与乙国的外交关系。根据国际法相关规则，下列哪一选项是正确的？（2010 - 1 - 29，单）[2]

A. 甲国终止与乙国的外交关系，并不影响乙国对甲国的承认

B. 甲国终止与乙国的外交关系，表明甲国不再承认乙国作为一个国家

C. 甲国主动与乙国断交，则乙国可以撤回其对甲国作为国家的承认

D. 乙国从未正式承认甲国为国家，建立外交关系属于事实上的承认

【考点】国际法上的国家承认

【解析】A 正确，B 错误。承认是承认者对被承认者出现这一事实作出的单方面行为。它

---

[1] A 〔2〕 A

表明对事实的接受而不改变被承认者的性质。因此两国是否终止或断绝外交关系并不能影响承认的事实。

C错误。法律承认是认定被承认者作为法律的正式人格存在，表明承认者愿意与被承认者发展全面正常的关系，带来全面而广泛的法律效果。这种承认是正式和不可撤销的。

D错误。建立外交关系属于法律承认，而不是事实承认。事实承认是一种权宜做法，适用于既需要某种交往而又不愿或不宜建立全面正式交往的情形。事实承认是不完全的、非正式的、暂时性的。

5.甲国分立为"东甲"和"西甲"，甲国在联合国的席位由"东甲"继承，"西甲"决定加入联合国。"西甲"与乙国（联合国成员）交界处时有冲突发生。根据相关国际法规则，下列哪一选项是正确的？（2014－1－32，单）[1]

A. 乙国在联大投赞成票支持"西甲"入联，一般构成对"西甲"的承认

B. "西甲"认为甲国与乙国的划界条约对其不产生效力

C. "西甲"入联后，其所签订的国际条约必须在秘书处登记方能生效

D. 经安理会9个理事国同意后，"西甲"即可成为联合国的会员国

【考点】国际法上的承认和继承、《联合国宪章》之条约登记、联合国会员国

【解析】A正确。乙国在联大投票赞成"西甲"入联，属于默示承认，一般构成对"西甲"的承认。承认又分为明示承认与默示承认：（1）明示承认是指既存国家以明确的语言文字表达承认意思的承认，包括通过单方面发表宣言或声明，向新国家致送外交照会或函电，或者与新国家共同发表联合公报、声明或缔结条约等方式明确表示对新国家的承认；（2）默示承认是指通过与承认对象有关的行为表现出承认的意思，包括与承认者建立正式外交关系，与承认者缔结正式的政治性条约，正式接受领事或正式投票支持其参加政府间国际组织的行为等。

B错误。甲国分立为"东甲"和"西甲"，原有的甲、乙两国之间的划界条约仍对"东甲""西甲"有效。根据1978年的《关于国家在条约方面的继承的维也纳公约》的规定，与领土有关的"人身条约"，如边界条约、管理边界河流或湖泊的条约，有关国际河流或国际水道的使用和涉及国家领土通过权的条约等，原则上不受国家继承的影响。在国家发生分离或分裂时，无论被继承国是否继续存在，原来对被继承国全部领土有效的条约，继续对其所有继承国有效。

C错误。未经登记的条约或协定不得在联合国任何机关援引，而非不登记不生效。《联合国宪章》第102条规定："一、本宪章发生效力后，联合国任何会员国所缔结之一切条约及国际协定应尽速在秘书处登记，并由秘书处公布之。二、当事国对于未经依本条第一项规定登记之条约或国际协定，不得向联合国任何机关援引之。"

D错误。成为联合国的新会员国须满足：获得安理会（包括常任理事国一致同意）的推荐和大多数会员国（2/3多数决议）的准许。根据《联合国宪章》第4条第2款规定："准许上述国家成为联合国会员国，将由大会经安全理事会之推荐以决议行之"。

三、国际组织

6.联合国大会由全体会员国组成，具有广泛的职权。关于联合国大会，下列哪一选项是正确的？（2015－1－32，单）[2]

A. 其决议具有法律拘束力

---

[1] A [2] D

B. 表决时安理会 5 个常任理事国的票数多于其他会员国

C. 大会是联合国的立法机关，三分之二以上会员国同意才可以通过国际条约

D. 可以讨论《联合国宪章》范围内或联合国任何机关的任何问题，但安理会正在审议的除外

【考点】联合国

【解析】A 错误。根据《联合国宪章》，联合国大会对于联合国组织内部事务通过的决议对于会员国具有拘束力，对于其他事项作出的决议仅具有建议性质。

B 错误。联合国大会表决实行会员国一国一票制。

C 错误。联合国大会不是联合国的立法机关，其决议性质也不属于国际条约。

D 正确。联合国大会可以讨论《联合国宪章》范围内或联合国任何机关的任何问题，但是安理会正在审议的除外。

7. 联合国会员国甲国出兵侵略另一会员国。联合国安理会召开紧急会议，讨论制止甲国侵略的决议案，并进行表决。表决结果为：常任理事国 4 票赞成、1 票弃权；非常任理事国 8 票赞成、2 票否决。据此，下列哪一选项是正确的？（2016 - 1 - 32，单）[1]

A. 决议因有常任理事国投弃权票而不能通过

B. 决议因非常任理事国两票否决而不能通过

C. 投票结果达到了安理会对实质性问题表决通过的要求

D. 安理会为制止侵略行为的决议获简单多数赞成票即可通过

【考点】联合国

【解析】A、B 错误，C 正确。根据《联合国宪章》，联合国安理会的表决制度为：

对于程序性事项：包括全体常任理事国在内的 9 个同意票；

对于非程序性事项（实质性事项）：包括全体常任理事国在内的 9 个同意票，任何一个常任理事国都享有一票否决权，常任理事国的缺席或弃权不视为否决。

D 错误。联合国安理会表决不采取简单多数制。

第二节　国际责任制度的新发展

8. 甲国某核电站因极强地震引发爆炸后，甲国政府依国内法批准将核电站含低浓度放射性物质的大量污水排入大海。乙国海域与甲国毗邻，均为《关于核损害的民事责任的维也纳公约》缔约国。下列哪一说法是正确的？（2011 - 1 - 32，单）[2]

A. 甲国领土范围发生的事情属于甲国内政

B. 甲国排污应当得到国际海事组织同意

C. 甲国对排污的行为负有国际法律责任，乙国可通过协商与甲国共同解决排污问题

D. 根据"污染者付费"原则，只能由致害方，即该核电站所属电力公司承担全部责任

【考点】不干涉内政原则、国际赔偿责任问题

【解析】A 错误。内政是国家基于其管辖的领土而行使主权的表现，包括建立国家政权体制和建立社会、经济、教育、文化等制度，处理其立法、行政、司法事务，以及制定对外政策、开展对外交往等所有的措施和行动。内政范围不与领土范围完全对应。甲国的排污行为虽

在其境内进行，但危害具有跨国性，受害国有权要求赔偿。

B错误。没有法律根据。

C正确。由于科学技术的发展，很多国家从事某些开发或试验性活动，如核能利用、航空航天、跨界河流开发等，这些活动本身对于人类具有重要的探索和利用价值，是国际法不加禁止的行为，但如果从事这些活动造成跨国性危害，受害国有权要求加害国给予合理赔偿。

D错误。但是因从事这些活动而导致的国际赔偿责任不同于一般的国家责任制度，就赔偿责任主体而言，现行的制度包括3类：（1）国家责任制度，即由国家承担对外国损害的责任，如《空间物体造成损害的国际责任公约》的规定；（2）双重责任制度，即国家与营运人共同承担对外国损害的赔偿责任，如《关于核损害的民事责任的维也纳公约》和《核动力船舶经营人责任公约》的规定，国家保证营运人的赔偿责任，并在营运人不足赔偿的情况下，在规定的限额内进行赔偿；（3）营运人赔偿，即无论营运人是国家或私人企业，都由营运人直接承担有限赔偿责任。本题是双重责任制度。

第三章　国际法上的空间划分

第一节　领　土

一、领土和领土主权

1. 甲河是多国河流，乙河是国际河流。根据国际法相关规则，下列哪些选项是正确的？(2011 - 1 - 74，多)[1]

A. 甲河沿岸国对甲河流经本国的河段拥有主权

B. 甲河上游国家可对自己享有主权的河段进行改道工程，以解决自身缺水问题

C. 乙河对非沿岸国商船也开放

D. 乙河的国际河流性质决定了其属于人类共同的财产

【考点】多国河流和国际河流

【解析】A 正确。多国河流流经各国的河段分别属于各国领土，各国分别对位于其领土的一段拥有主权。多国河流一般对所有沿岸国开放，而非沿岸国船舶未经许可不得航行。

B 错误。因多国河流的使用涉及流经国的利益，所以对多国河流的航行、使用、管理等事项，一般都应由有关国家协议解决，不能为了自身利益侵害其他国家的利益，更不能自作主张擅自对河流予以改道或堵塞河流。

C 正确。国际河流，是指通过条约规定对所有国家开放航行的多国河流。首先需要明确的是，国际河流一般是多国河流，但多国河流不一定是国际河流，多国河流经国际条约约定而对所有国家开放航行的才属于国际河流，一般而言，国际河流经各国领土的河段仍然是该国主权下的领土，允许所有国家的船舶特别是商船无害通过。

D 错误。国际河流本质上属于多国河流，其权利应归属于其沿岸国，不属于全人类共同财产。

二、领土取得方式

2. 甲乙丙三国均为南极地区相关条约缔约国。甲国在加入条约前，曾对南极地区的某区域提出过领土要求。乙国在成为条约缔约国后，在南极建立了常年考察站。丙国利用自己靠近南极的地理优势，准备在南极大规模开发旅游。根据《南极条约》和相关制度，下列哪些判断是正确的？(2010 - 1 - 78，多)[2]

A. 甲国加入条约意味着其放弃或否定了对南极的领土要求

B. 甲国成为条约缔约国，表明其他缔约国对甲国主张南极领土权利的确认

---

[1] AC　[2] CD

C. 乙国上述在南极地区的活动，并不构成对南极地区提出领土主张的支持和证据

D. 丙国旅游开发不得对南极环境系统造成破坏

【考点】 国际法上的空间划分——领土取得方式、《南极条约》

【解析】 A、B错误，C正确。《南极条约》不构成对任何现有的对南极领土主张的支持或反对。

D正确。在南极进行的任何活动不得破坏南极的环境或生态。

目前南极法律制度的核心有四点：（1）冻结了各国对南极地区的领土主张；（2）开放南极用于和平探索和利用；（3）强调了对南极环境和生态的保护；（4）建立一种国际协商合作机制。

3. 关于领土的合法取得，依当代国际法，下列哪些选项是正确的？（2016－1－75，多）[1]

A. 甲国围海造田，未对他国造成影响

B. 乙国屯兵邻国边境，邻国被迫与其签订条约割让部分领土

C. 丙国与其邻国经平等协商，将各自边界的部分领土相互交换

D. 丁国最近二十年派兵持续控制其邻国部分领土，并对外宣称拥有主权

【考点】 国际法上的空间划分——领土取得方式

【解析】 A正确。未对他国造成影响的围海造田属于领土的添附。添附指自然或人为地增加一国领土，历来被认为是国际法中一项合法获取领土的方式。

B错误。割让分为强制性割让与非强制性割让两种，强制性割让作为领土取得的方式已为现代国际法所否定。本项情况显然属于强制性割让。

C正确。非强制性割让是国家在自愿平等的基础上，达成一致并缔结条约发生的领土变更，符合现代国际法基本原则。

D错误。通过时效方式获取领土，指一国占有他国某块土地后，在相当长的时期内持续公开地、不受干扰地占有，即取得该地主权的方式。时效取得历来争议很大。由于本项中时效的使用涉及非法使用武力（如派兵持续控制），因此不符合现代国际法基本原则。

三、边界与边境制度

4. 甲乙两国边界附近爆发部落武装冲突，致两国界标被毁，甲国一些边民趁乱偷渡至乙国境内。依相关国际法规则，下列哪一选项是正确的？（2016－1－33，单）[2]

A. 甲国发现界标被毁后应尽速修复或重建，无需通知乙国

B. 只有甲国边境管理部门才能处理偷渡到乙国的甲国公民

C. 偷渡到乙国的甲国公民，仅能由乙国边境管理部门处理

D. 甲乙两国对界标的维护负有共同责任

【考点】 边境制度

【解析】 A错误，D正确。相邻国家对界标维护负有共同责任。若一方发现界标出现被移动、损坏或灭失的情况，应尽快通知另一方，在双方代表在场的情况下修复或重建。

B、C错误。边境地区的一般事件，如偷越国境，损毁界标等，通常由相邻国家间签订的条约设置的由双方代表共同组成的边界委员会处理。边界委员会未能解决的或特别严重的事件，通过外交途径解决。并不必然由某一国的边境管理部门处理。

---

[1] AC　[2] D

5. 某河是甲乙两国的界河，甲乙两国对该河流的界限划定和使用权限等问题没有单独约定。根据国际法的相关规定，下列说法正确的是：(2019 - 回忆版，单)[1]

　　A. 甲国国民可以在整条河上捕鱼

　　B. 如甲国的渔船遭遇风暴，为避险则可不经同意停靠乙国一侧河岸

　　C. 乙国可以不经甲国同意在该河流上建设堤坝

　　D. 如乙国发生旱灾，则可不经过甲国许可炸开其本国一侧堤坝灌溉农田

　　【考点】界河制度

　　【解析】界河是流经两国之间并作为两国领土分界线的河流。通航则多依主航道中心线为分界进行划分，相邻国家有平等的航行权，航行时应具有明显国籍标志。

　　A 错误。一般国民只能在界河本国一侧捕鱼。

　　B 正确。一方船舶未经允许不得在对方靠岸停泊，紧急情况除外。

　　C 错误。一方如欲在界河上建造工程设施，必须征得另一方同意。

　　D 错误。一国在使用界水时，不得损害邻国利益。包括不得采取可能使河流枯竭或泛滥的措施，更不得单方故意使河水改道。炸开本国一侧堤坝，可能会发生以上结果。

6. 乙国民航飞机某某号，因机械故障在甲乙两国边界附近坠毁，界碑因此毁损，并引发森林火灾。乙国救援队为灭火和抢救生命，擅自进入甲国界数十米，尽管乙国尽力救助，火灾还是给甲国造成了财产损失。根据国际法相关规则，下列有关说法，正确的是哪项？(2021 - 回忆版，单)[2]

　　A. 乙国救援人员未经甲国同意越过边境救灾，构成国际不法行为

　　B. 乙国可自行修复界碑，恢复后通知甲国

　　C. 乙国通知甲国后，应尽快修复界碑

　　D. 乙国无需承担因火灾给甲国造成的损失

　　【考点】边境和边界

　　【解析】A 错误。国家对本国边境地区土地的利用，不得使对方国家的利益遭受损害。如遇边境地区森林火灾，国家应尽力扑救并控制火势，不使火灾蔓延到对方境内。乙国救援人员虽然未经甲国同意越过边境，因火灾之故，属于危难和紧急状态，属于国家行为不当行的排除情形。

　　B、C 错误。在已设界标边界线上，相邻国家对界标的维护负有共同责任。双方都应采取必要措施防止界标被移动、损坏或灭失。若一方发现界标出现上述情况，应尽速通知另一方，在双方代表在场的情况下修复或重建。国家有责任对移动、损坏或毁灭界标的行为给予严厉惩罚。

　　D 正确。该民航飞机坠毁并非可归因国家的行为，乙国也进行了积极的救助。乙国无需承担因火灾给甲国造成的损失。

第二节　海洋法

一、领海及毗连区

7. "潇湘"号运送该批平板电脑的航行路线要经过丁国的毗连区。根据《联合国海洋法公约》，下列选项正确的是：(2011 - 1 - 97，不定项)[3]

　　A. "潇湘"号在丁国毗连区通过时的权利和义务与在丁国领海的无害通过相同

B. 丁国可在"潇湘"号通过时对毗连区上空进行管制

C. 丁国可根据其毗连区领土主权对"潇湘"号等船舶规定分道航行

D. "潇湘"号应遵守丁国在海关、财政、移民和卫生等方面的法律规定

【考点】毗连区法律制度

【解析】A错误。毗连区是领海以外的区域，不属于国家领土，沿海国不能行使主权，而领海是国家主权的一部分，沿海国行使主权管辖和支配权。毗连区和领海的权利和义务是不同的。

B错误，D正确。一国对毗连区的管制只能基于下列事项：（1）防止在其领土或领海内违反其海关、财政、移民或卫生的法律或规章的行为发生；（2）惩处在其领土或领海内违反上述法规的行为。而且管制的范围不包括上空。

C错误。丁国对其毗连区不能行使领土主权。

8. "乐安"号运送该货物的航行路线要经过丁国的领海和毗连区。根据《联合国海洋法公约》，下列选项正确的是：（2012－1－97，不定项）[1]

A. "乐安"号可不经批准穿行丁国领海，并在其间停泊转运货物

B. "乐安"号在丁国毗连区走私货物，丁国海上执法船可行使紧追权

C. "乐安"号在丁国毗连区走私货物，丁国海上执法机关可出动飞机行使紧追权

D. 丁国海上执法机关对"乐安"号的紧追权在其进入公海时立即终止

【考点】领海制度、毗连区制度和公海制度

【解析】A错误。"乐安"号可不经批准穿行丁国领海，但其间不能进行停泊转运货物，否则就超越了无害通过权的范围。依据《联合国海洋法公约》，外国船舶在领海内享有无害通过权，即外国船舶在不损害沿海国和平安宁和正常秩序的条件下，拥有无须事先通知或征得沿海国许可而连续不断地通过其领海的航行权利。

B、C正确。紧追行为只能由军舰、军用飞机或得到正式授权且有清楚可识别标志的政府船舶或飞机从事。

D错误。紧追可以追入公海中继续进行，直至追上并依法采取措施，但必须是连续不断的，在被紧追船舶进入其本国或第三国领海时立即终止。

9. "青田"号是甲国的货轮、"前进"号是乙国的油轮、"阳光"号是丙国的科考船，三船通过丁国领海。依《联合国海洋法公约》，下列哪些选项是正确的？（2016－1－76，多）[2]

A. 丁国有关对油轮实行分道航行的规定是对"前进"号油轮的歧视

B. "阳光"号在丁国领海进行测量活动是违反无害通过的

C. "青田"号无须事先通知或征得丁国许可即可连续不断地通过丁国领海

D. 丁国可以对通过其领海的外国船舶征收费用

【考点】领海制度

【解析】A错误。根据《联合国海洋法公约》，沿海国有关无害通过的权利主要包括：（1）关于无害通过的立法权；（2）指定海道和实施分道通航制的权利。沿海国出于航行安全的考虑，可要求无害通过其领海的外国船舶使用其为管制船舶通过而指定或规定的海道和分道通航制，特别是油轮、核动力船舶和载运核物质或材料或其他本质上危险或有毒物质或材料的船舶；（3）沿海国的保护权。沿海国可在其领海内采取必要的措施以防止非无害的通过。

因此对油轮实行分道航行规定不属于歧视。

B正确。所有国家的船舶在沿海国领海内均享有无害通过权。《联合国海洋法公约》第19

条第 2 款列举了 12 种非无害通过的情况，其中包括"进行研究或测量活动"。

C 正确。"无害通过权"指所有国家船舶在不损害沿海国的和平、良好秩序或安全的前提下，均享有继续不停和迅速地通过他国领海的权利，无须事先征得沿海国的许可。

D 错误。沿海国有关无害通过的义务主要包括：（1）除按照公约规定外，沿海国不应妨碍外国船舶无害通过领海；（2）不得仅以外国船舶通过其领海为理由而对其征收任何费用；（3）沿海国应将其所知的领海内对航行有危险的任何情况妥为公布。

二、专属经济区和大陆架、群岛水域

10. 甲国在其宣布的专属经济区水域某暗礁上修建了一座人工岛屿。乙国拟铺设一条通过甲国专属经济区的海底电缆。根据《联合国海洋法公约》，下列哪一选项是正确的？（2010 - 1 - 31，单）[1]

A. 甲国不能在该暗礁上修建人工岛屿
B. 甲国对建造和使用该人工岛屿拥有管辖权
C. 甲国对该人工岛屿拥有领土主权
D. 乙国不可在甲国专属经济区内铺设海底电缆

【考点】 国际法上的空间划分——海洋法、专属经济区

【解析】 专属经济区的法律地位：既不是领海，也不是公海。沿海国对于专属经济区不拥有领土主权，只享有公约规定的某些主权权利，主要体现为对该区域内以开发自然资源为目的的活动拥有排他性的主权权利与此相关的某些管辖权。

沿海国对专属经济区的权利：

（1）勘探、开发、养护和管理海床和底土及其上覆水域自然资源为目的的主权权利，以及关于在该区域内从事经济性开发和勘探的主权权利；

（2）建造和使用人工岛屿和设施、海洋科学研究、海洋环境保护事项的管辖权；

（3）制定符合国际公约的专属经济区法规以及必要的辅助执行手段，包括登临、检查、逮捕和司法程序。B 正确，A、C 错误。

沿海国对专属经济区的义务：

（1）允许其他国家在此区域内的航行和飞越权、铺设海底电缆和管道及其他合法活动；

（2）对外国船舶违法行为采取措施时需遵循一定的规则：①对被捕的船只及其船员，当其提出适当的担保书或担保后，应迅速予以释放；②对因违反渔业法规而要作处罚时，如有关国家无相反的协议，不能采取监禁和体罚方式；③逮捕或扣押外国船只后及时通知船旗国。D 错误。

11. 甲国是《联合国海洋法公约》的缔约国，甲国在其专属经济区进行的下列哪项行为符合公约的规定？（2019 - 回忆版，单）[2]

A. 击落上空的乙国无人机　　　　B. 击沉海面的丙国军舰
C. 在海上修建风力发电站　　　　D. 破坏丁国铺设的海底电缆

【考点】 专属经济区

【解析】 A、B、D 错误，沿海国允许其他国家在此区域内的航行和飞越权、铺设海底电缆和管道及其他合法活动。其他国家在沿海国的专属经济区和大陆架有权铺设海底电缆和管道，但线路的划定必须经过沿海国的同意。C 正确，沿海国可以在其专属经济区内勘探、开发和养护自然资源。修建风力发电站属于开发自然资源的行为。

12. 甲国是群岛国，乙国是甲国的隔海邻国，两国均为《联合国海洋法公约》的缔约国。

根据相关国际法规则，下列哪一选项是正确的？（2014－1－33，单）[1]

    A. 他国船舶通过甲国的群岛水域均须经过甲国的许可

    B. 甲国为连接其相距较远的两岛屿，其群岛基线可隔断乙国的专属经济区

    C. 甲国因已划定了群岛水域，则不能再划定专属经济区

    D. 甲国对其群岛水域包括上空和底土拥有主权

【考点】群岛水域

【解析】A错误。根据《联合国海洋法公约》的规定，除内水外，所有国家的船舶均享有无害通过群岛水域的权利。"群岛海道通过权"即一种专为在公海或专属经济区的一部分和公海或专属经济区的另一部分之间继续不停、迅速和无障碍过境的目的，行使正常方式的航行和飞越的权利。因此，他国船舶通过甲国的群岛水域无须经过甲国的许可。

    B错误。根据《联合国海洋法公约》的规定，群岛国采用的基线制度不得使另一国的领海与公海或专属经济区隔断。

    C错误。专属经济区是根据《联合国海洋法公约》确立的新区域，它的地位既不同于领海，也不同于公海。该海域位于领海以外并邻接领海，从测算领海宽度的基线量起不超过200海里。没有规定划定了群岛水域就不能划定专属经济区。

    D正确。群岛国对群岛水域享有主权，且此项主权及于群岛水域的上空、海床和底土，以及其中所包含的资源。

13. 根据《联合国海洋法公约》和中国相关规则和实践，下列哪一选项是正确的？（2020－回忆版，单）[2]

    A. 甲国军用飞机飞越我国毗连区须经我国同意

    B. 甲国渔民在我大陆架捕杀濒危海龟，我国可依我国刑法追究其刑事责任

    C. 甲国潜水艇必须浮出水面并展示其国旗才能通过我国毗连区

    D. 联合国科考船可不经我国同意在我国专属经济区采集样本

【考点】海域的法律制度

【解析】毗连区不是国家领土，国家对毗连区不享有主权，而且国家对于毗连区的管制不包括其上空。A错误。

    毗连区不是领水，实行自由航行制度。C错误。

    2016年8月，我国最高人民法院公布《关于审理发生在我国管辖海域相关案件若干问题的规定（一）》《关于审理发生在我国管辖海域相关案件若干问题的规定（二）》，明确了我国管辖的海域不仅包括内水、领海，也包括毗连区、专属经济区、大陆架等其他海域。中国公民或组织在我国与有关国家缔结的协定确定的共同管理的渔区或公海从事捕捞作业的，也适用该规定。中国公民或者外国人在我国管辖海域实施非法猎捕、杀害珍贵濒危野生动物或者非法捕捞水产品等犯罪的，依照我国刑法追究刑事责任。B正确。

    专属经济区，沿海国对建造和使用人工岛屿和设施、海洋科学研究、海洋环境保护事项拥有管辖权。D错误。

14. 根据《联合国海洋法公约》以及我国相关法律规定，下列说法正确的是哪一项？（2021－回忆版，单）[3]

    A. 甲国军舰可以无须事先征得许可而在我国领海无害通过

    B. 我国军舰可以从毗连区开始实施紧追权，到了公海则紧追权终止

———————————

[1] D　[2] B　[3] D

C. 甲国商务飞机可以在我国领海上空无害通过

D. 甲国有权在我国大陆架铺设电缆，但铺设线路计划需要取得我国同意

【考点】 领海、毗连区、大陆架法律制度

【解析】 A 错误。无害通过是指外国船舶在不损害沿海国和平安宁和正常秩序的情况下，享有无需事先通知或征得沿海国许可而连续不断地通过其领海的制度。对于军舰是否享有无害通过权，各国实践并不一致，根据《中华人民共和国领海及毗连区法》的规定，外国军用船舶通过中国领海，须经中国政府批准。

B 错误。紧追权是沿海国拥有对违反其法规并从该国管辖范围的海域向公海行使的外国船舶进行追逐的权利。可以开始于一国的内水、领海、毗连区或专属经济区。紧追可以追入公海中继续进行，直至追上并采取措施，但必须是连续不断的。

C 错误。无害通过制度只适用于船舶，不适用于飞机。

D 正确。根据《联合国海洋法公约》的规定，所有国家有权在其它国家的大陆架上铺设电缆和管道，但其线路的划定须经沿海国同意，并应顾及现有电缆和管道，不得加以损害。

第三节　国际航空法与外层空间法

国际航空法体系

15. 甲国发生内战，乙国拟派民航包机将其侨民接回，飞机需要飞越丙国领空。根据国际法相关规则，下列哪些选项是正确的？（2011 - 1 - 75，多）[1]

A. 乙国飞机因接其侨民，得自行飞越丙国领空

B. 乙国飞机未经甲国许可，不得飞入甲国领空

C. 乙国飞机未经允许飞越丙国领空，丙国有权要求其在指定地点降落

D. 丙国军机有权在警告后将未经许可飞越丙国领空的乙国飞机击落

【考点】 国际航空法——《芝加哥公约》、领空制度

【解析】 B、C 正确，A、D 错误。领空是一国领陆和领水上方一定高度的空间，领空完全受国家主权的支配。领空主权原则表现为：

（1）外国航空器进入国家领空需经该国许可并遵守领空国的有关法律；

（2）对于非法入境的外国民用航空器，国家可以行使主权，采取符合国际法有关规则的任何适当手段，包括要求其终止此类侵犯立即离境或要求其在指定地点降落等，但不得危及航空器内人员的生命和航空器的安全，避免使用武器；

（3）国家有权制定外国航空器入境离境和在境内飞行的规章制度，各国可以指定外国航空器降停的机场；

（4）国家保留国内航线专属权，一国为安全及军事需要有权在其领空中划定某些禁区。

16. 甲国某航空公司国际航班在乙国领空被乙国某公民劫持，后乙国将该公民控制，并拒绝了甲国的引渡请求。两国均为 1971 年《关于制止危害民用航空安全的非法行为的公约》等三个国际民航安全公约缔约国。对此，下列哪一说法是正确的？（2013 - 1 - 33，单）[2]

A. 劫持未发生在甲国领空，甲国对此没有管辖权

B. 乙国有义务将其引渡到甲国

C. 乙国可不引渡，但应由本国进行刑事审判

D. 本案属国际犯罪，国际刑事法院可对其行使管辖权

【考点】《东京公约》《海牙公约》《蒙特利尔公约》关于危害民用航空安全的罪行、国际刑事法院

【解析】 B错误，C正确。根据三个公约的规定，危害民航安全罪行是一种可引渡罪行，但各国没有强制引渡义务。国家可依据引渡协议或国内法决定是否予以引渡。如果嫌疑人所在国没有相关协议引渡义务，并决定不予引渡的，应在本国作为严重的普通刑事案件进行起诉。

A错误。下列国家对于危害民航安全罪行享有管辖权：航空器登记国；当罪犯仍在航空器内，该航空器降落地国；当航空器是不带机组的出租时，承租人的营业地国或常住地国；犯罪行为发生地国；罪行后果涉及国，包括受害人国籍国或永久居所国、后果涉及领土国、罪行危及其安全的国家；根据本国法行使管辖权的其他国家。

D错误。国际刑事法院作为对各国国内司法制度的补充，其管辖范围限于灭绝种族罪、战争罪、危害人类罪、侵略罪等几大类；所管辖的犯罪行为限于发生在规约生效后的行为。法院只追究个人的刑事责任，其最高刑罚为无期徒刑。

17. 乘坐乙国航空公司航班的甲国公民，在飞机进入丙国领空后实施劫机，被机组人员制服后交丙国警方羁押。甲、乙、丙三国均为1963年《东京公约》、1970年《海牙公约》及1971年《蒙特利尔公约》缔约国。据此，下列哪一选项是正确的？（2017-1-32，单）[1]

A. 劫机发生在丙国领空，仅丙国有管辖权

B. 犯罪嫌疑人为甲国公民，甲国有管辖权

C. 劫机发生在乙国航空器上，仅乙国有管辖权

D. 本案涉及国际刑事犯罪，应由国际刑事法院管辖

【考点】 国际民航空安全制度、对危害民用航空安全的罪行管辖权、国际刑事法院管辖权

【解析】 根据上述三公约，对危害民航安全的罪行，航空器登记国、航空器降落地国（当罪嫌仍在航空器内）、承租人的营业地国或常住地国（当航空器是不带机组的出租）、嫌疑人所在国、嫌疑人国籍国或永久居所国、犯罪行为发生地国、罪行后果涉及国（包括受害人国籍国或永久居所国、后果涉及领土国、罪行危及其安全的国家）、根据本国法行使管辖权的其他国家都可以行使管辖权。犯罪嫌疑人是甲国公民，甲国有管辖权。B正确。行为发生在丙国领空，丙国有管辖权。A错误。劫机行为危害乙国航空器，乙国有管辖权。C错误。

国际刑事法院仅管辖灭绝种族罪、危害人类罪、战争罪、侵略罪，不包括劫机。D错误。

18. 甲国由于技术的原因与乙国共同发射一颗卫星，该卫星在丙国境内实际发射。发射过程中火箭碎片掉落，砸伤受邀现场观看发射的某丁国国民。由于轨道偏离，该人造卫星与丁国遥感卫星相撞，丁国卫星碎片跌落砸坏戊国建筑并造成戊国人员伤亡。甲乙丙丁戊都加入《空间物体所造成损害的国际责任公约》（简称《责任公约》）的缔约国，下列哪些判断是正确的？（2020-回忆版，多）[2]

A. 丁国不对戊国财产和人员伤亡承担责任

B. 火箭碎片对某丁国国民造成的损害不适用《责任公约》

C. 甲乙丙丁国应对戊国的财产和人员伤亡承担绝对责任

D. 甲乙丙国应对丁卫星损害承担过错责任

【考点】《空间物体所造成损害的国际责任公约》

---

[1] B [2] BCD

【解析】《责任公约》对于空间物体造成损失的赔偿责任制度，作出了具体的规定。根据公约，损害赔偿应由该物体的发射国承担。这里的发射国包括：发射或促使发射空间物体的国家以及从其领土或设施发射空间物体的国家。结合本题，甲乙丙均为发射国。"发射"包括未成功的发射在内。两个或两个以上的国家共同发射空间物体时，对所造成的损害应承担共同或单独的责任。发射国对其空间物体在地球表面或给飞行中的飞机造成的损害，应负有赔偿的绝对责任。C正确。

发射国的空间物体在地球表面以外的地方，对另一发射国的空间物体造成损害，并因此对第三国或第三国的自然人或法人造成损害时：如果是在第三国的地球表面或对飞行中的飞机造成的，则前两国对第三国负绝对责任；如果对地球表面以外的其他地方的第三国外空物体或所载人员财产造成损害，则前两国依各自的过错承担相应的责任。D正确。

发射国空间物体对于下面两种人员造成的损害不适用《责任公约》：该国的国民，以及在空间物体从发射至降落的任何阶段内参加操作的或者应发射国的邀请而留在紧接预定发射或回收区的外国公民。B正确。

第四章　国际法上的个人

第一节　国　籍

1. 中国人王某定居美国多年，后自愿加入美国国籍，但没有办理退出中国国籍的手续。根据我国相关法律规定，下列哪些选项是正确的？（2010－1－80，多）[1]

A. 由于王某在中国境外，故须向在国外的中国外交代表机关或领事机关办理退出中国国籍的手续

B. 王某无需办理退出中国国籍的手续

C. 王某具有双重国籍

D. 王某已自动退出了中国国籍

【考点】国际法上的个人—国籍的取得与丧失、《中华人民共和国国籍法》

【解析】A 错误，B、D 正确。本题中王某自动丧失中国国籍，无须办理退籍手续。根据《国籍法》第9条规定："定居外国的中国公民，自愿加入或取得外国国籍的，即自动丧失中国国籍。"《国籍法》第14条规定："中国国籍的取得、丧失和恢复，除第九条规定的以外，必须办理申请手续。未满十八周岁的人，可由其父母或其他法定代理人代为办理申请。"

C 错误。《国籍法》第3条规定："中华人民共和国不承认中国公民具有双重国籍。"

2. 中国公民王某与甲国公民彼得于2013年结婚后定居甲国并在该国产下一子，取名彼得森。关于彼得森的国籍，下列哪些选项是正确的？（2015－1－75，多）[2]

A. 具有中国国籍，除非其出生时即具有甲国国籍

B. 可以同时拥有中国国籍与甲国国籍

C. 出生时是否具有甲国国籍，应由甲国法确定

D. 如出生时即具有甲国国籍，其将终生无法获得中国国籍

【考点】国籍的取得

【解析】A 正确，B 错误。《国籍法》第5条规定："父母双方或一方为中国公民，本人出生在外国，具有中国国籍；但父母双方或一方为中国公民并定居在外国，本人出生时即具有外国国籍的，不具有中国国籍。"彼得森具有中国国籍的父或母已经在甲国定居，因此若彼得森出生时取得甲国国籍，则不能再获得中国国籍，但若出生时未获得甲国国籍，仍然有权获得中国国籍。

C 正确。国籍的取得取决于各国自身的规定，彼得森出生时能否获得甲国国籍当然应由甲

---

[1] BD　〔2〕AC

国法确定。

D 错误。如果彼得森出生时即具有甲国国籍，根据我国《国籍法》其不能因出生取得中国国籍，但仍然可以通过加入等其他途径获得中国国籍，故 D 错误。

3. 中国公民李某与俄罗斯公民莎娃结婚，婚后定居北京，并育有一女李莎。依我国《国籍法》，下列哪些选项是正确的？(2017 - 1 - 75，多)[1]

A. 如李某为中国国家机关公务员，其不得申请退出中国国籍

B. 如莎娃申请中国国籍并获批准，不得再保留俄罗斯国籍

C. 如李莎出生于俄罗斯，不具有中国国籍

D. 如李莎出生于中国，具有中国国籍

【考点】国籍的取得和丧失

【解析】《国籍法》第 12 条规定："国家工作人员和现役军人，不得退出中国国籍。"A 正确。

《国籍法》第 8 条规定："申请加入中国国籍获得批准的，即取得中国国籍；被批准加入中国国籍的，不得再保留外国国籍。"B 正确。

《国籍法》第 5 条规定："父母双方或一方为中国公民，本人出生在外国，具有中国国籍；但父母双方或一方为中国公民并定居在外国，本人出生时即具有外国国籍的，不具有中国国籍。"李某是中国人且与莎娃定居中国，即使李莎出生于俄罗斯，也具有中国国籍。C 错误。

《国籍法》第 4 条规定："父母双方或一方为中国公民，本人出生在中国，具有中国国籍。"D 正确。

4. 甲国球星皮埃尔申请加入中国国籍。对此，下列哪一说法是正确的？(2020 - 回忆版，单)[2]

A. 加入中国国籍应由中国外交部批准

B. 皮埃尔申请被批准前，与中国女子李某在广州出生的儿子具有中国国籍

C. 一旦加入中国国籍就不能退出

D. 皮埃尔加入中国国籍后，可保留甲国国籍

【考点】《中华人民共和国国籍法》

【解析】《国籍法》第 16 条规定："加入、退出和恢复中国国籍的申请，由中华人民共和国公安部审批。经批准的，由公安部发给证书。"加入中国国籍应由公安部批准。A 错误。

《国籍法》第 4 条规定："父母双方或一方为中国公民，本人出生在中国，具有中国国籍。"B 正确。

《国籍法》第 8 条规定："申请加入中国国籍获得批准的，即取得中国国籍；被批准加入中国国籍的，不得再保留外国国籍。"D 错误。

《国籍法》中规定了中国国籍加入、退出的条件，并非不得退出。C 错误。

---

[1] ABD [2] B

第二节　外国人的法律地位

外国人的入境、拘留和出境

5. 甲国公民大卫到乙国办理商务，购买了联程客票搭乘甲国的国际航班，经北京首都国际机场转机到乙国。甲国与我国没有专门协定。根据我国有关出入境法律，下列判断正确的是：（2010－1－98，不定项）[1]

A. 大卫必须提前办理中国过境签证

B. 如大卫在北京机场的停留时间不超过 24 小时且不出机场，可免办中国入境签证

C. 如大卫不出北京机场，无论其停留时间长短都可免办中国入境签证

D. 如大卫在北京转机临时离开机场，需经边防检查机关批准

【考点】《出入境管理法》、联程客票

【解析】A、C 错误，B 正确。《出境入境管理法》第 22 条规定："外国人有下列情形之一的，可以免办签证：

（一）根据中国政府与其他国家政府签订的互免签证协议，属于免办签证人员的；

（二）持有效的外国人居留证件的；

（三）持联程客票搭乘国际航行的航空器、船舶、列车从中国过境前往第三国或者地区，在中国境内停留不超过二十四小时且不离开口岸，或者在国务院批准的特定区域内停留不超过规定时限的；

（四）国务院规定的可以免办签证的其他情形。"

D 正确。《出境入境管理法》第 23 条规定："有下列情形之一的外国人需要临时入境的，应当向出入境边防检查机关申请办理临时入境手续：

（一）外国船员及其随行家属登陆港口所在城市的；

（二）本法第二十二条第三项规定的人员需要离开口岸的；

（三）因不可抗力或者其他紧急原因需要临时入境的。

临时入境的期限不得超过十五日。

对申请办理临时入境手续的外国人，出入境边防检查机关可以要求外国人本人、载运其入境的交通运输工具的负责人或者交通运输工具出境入境业务代理单位提供必要的保证措施。"

6. 外国公民雅力克持旅游签证来到中国，我国公安机关查验证件时发现，其在签证已经过期的情况下，涂改证照，居留中国并临时工作。关于雅力克的出入境和居留，下列哪些表述符合中国法律规定？（2012－1－75，多）[2]

A. 在雅力克旅游签证有效期内，其前往不对外国人开放的地区旅行，不再需要向当地公安机关申请旅行证件

B. 对雅力克的行为县级以上公安机关可拘留审查

C. 对雅力克的行为县级以上公安机关可依法予以处罚

D. 如雅力克持涂改的出境证件出境，中国边防检查机关有权阻止其出境

【考点】《出境入境管理法》

【解析】《出境入境管理法》第 70 条规定："本章规定的行政处罚，除本章另有规定外，

---

[1] BD　[2] BCD

由县级以上地方人民政府公安机关或者出入境边防检查机关决定；其中警告或者五千元以下罚款，可以由县级以上地方人民政府公安机关出入境管理机构决定。"

《出境入境管理法》第71条规定："有下列行为之一的，处一千元以上五千元以下罚款；情节严重的，处五日以上十日以下拘留，可以并处二千元以上一万元以下罚款：

（一）持用伪造、变造、骗取的出境入境证件出境入境的；

（二）冒用他人出境入境证件出境入境的；

（三）逃避出境入境边防检查的；

（四）以其他方式非法出境入境的。"

BCD 正确。

【备注】《中华人民共和国外国人入境出境管理法》和《中华人民共和国公民出境入境管理法》已由2012年6月30日公布的《中华人民共和国出境入境管理法》统一修改，因此关于此考点相关题目了解即可，建议按照最新修订法律条文记忆，故上述试题某些选项未作解析。

7. 甲国公民杰克申请来中国旅游，关于其在中国出入境和居留期间的管理，下列哪些选项是正确的？（2013－1－76，多）[1]

A. 如杰克患有严重精神障碍，中国签证机关不予签发其签证

B. 如杰克入境后可能危害中国国家安全和利益，中国出入境边防检查机关可不准许其入境

C. 杰克入境后，在旅馆以外的其他住所居住或者住宿的，应当在入住后48小时内由本人或者留宿人，向居住地的公安机关办理登记

D. 如杰克在中国境内有未了结的民事案件，法院决定不准出境的，中国出入境边防检查机关有权阻止其出境

【考点】《出境入境管理法》

【解析】A 正确。《出境入境管理法》第21条规定："外国人有下列情形之一的，不予签发签证：

（一）被处驱逐出境或者被决定遣送出境，未满不准入境规定年限的；

（二）患有严重精神障碍、传染性肺结核病或者有可能对公共卫生造成重大危害的其他传染病的；

（三）可能危害中国国家安全和利益、破坏社会公共秩序或者从事其他违法犯罪活动的；

（四）在申请签证过程中弄虚作假或者不能保障在中国境内期间所需费用的；

（五）不能提交签证机关要求提交的相关材料的；

（六）签证机关认为不宜签发签证的其他情形。

对不予签发签证的，签证机关可以不说明理由。"

B 正确。《出境入境管理法》第25条规定："外国人有下列情形之一的，不准入境：

（一）未持有效出境入境证件或者拒绝、逃避接受边防检查的；

（二）具有本法第二十一条第一款第一项至第四项规定情形的；

（三）入境后可能从事与签证种类不符的活动的；

（四）法律、行政法规规定不准入境的其他情形。

对不准入境的，出入境边防检查机关可以不说明理由。"

D 正确。《出境入境管理法》第28条规定："外国人有下列情形之一的，不准出境：

---

[1] ABD

（一）被判处刑罚尚未执行完毕或者属于刑事案件被告人、犯罪嫌疑人的，但是按照中国与外国签订的有关协议，移管被判刑人的除外；

（二）有未了结的民事案件，人民法院决定不准出境的；

（三）拖欠劳动者的劳动报酬，经国务院有关部门或者省、自治区、直辖市人民政府决定不准出境的；

（四）法律、行政法规规定不准出境的其他情形。"

C错误。《出境入境管理法》第39条规定："外国人在中国境内旅馆住宿的，旅馆应当按照旅馆业治安管理的有关规定为其办理住宿登记，并向所在地公安机关报送外国人住宿登记信息。外国人在旅馆以外的其他住所居住或者住宿的，应当在入住后二十四小时内由本人或者留宿人，向居住地的公安机关办理登记。"

8. 王某是定居美国的中国公民，2013年10月回国为父母购房。根据我国相关法律规定，下列哪一选项是正确的？（2014－1－34，单）〔1〕

A. 王某应向中国驻美签证机关申请办理赴中国的签证

B. 王某办理所购房产登记需提供身份证明的，可凭其护照证明其身份

C. 因王某是中国公民，故需持身份证办理房产登记

D. 王某回中国后，只要其有未了结的民事案件，就不准出境

【考点】《出入境管理法》

【解析】A错误。王某是定居美国的中国公民，也就是说王某仍具有中国国籍。而持有本国签发的有效护照和拟进入国家发给的签证是外国人入境的条件。王某返回中国属于中国公民入境，不适用外国人入境的条件，无须办理赴中国的签证。

B正确，C错误。《出境入境管理法》第14条规定："定居国外的中国公民在中国境内办理金融、教育、医疗、交通、电信、社会保险、财产登记等事务需要提供身份证明的，可以凭本人的护照证明其身份。"因此，王某办理房产登记需要提供身份证明的，可以凭护照证明。

D错误。《出境入境管理法》第12条规定："中国公民有下列情形之一的，不准出境：……（三）有未了结的民事案件，人民法院决定不准出境的；……"因此，不是只要有未了结的民事案件就不准出境，而是必须满足"人民法院决定不准出境"的条件。故D错误。

9. 马萨是一名来华留学的甲国公民，依中国法律规定，下列哪些选项是正确的？（2017－1－76，多）〔2〕

A. 马萨入境中国时，如出入境边防检查机关不准其入境，可以不说明理由

B. 如马萨留学期间发现就业机会，即可兼职工作

C. 马萨留学期间在同学家中短期借住，应按规定向居住地的公安机关办理登记

D. 如马萨涉诉，则不得出境

【考点】外国人出入境

【解析】《出境入境管理法》第25条第2款规定："对不准入境的，出入境边防检查机关可以不说明理由。"A正确。

《出境入境管理法》第41条第1款规定："外国人在中国境内工作，应当按照规定取得工作许可和工作类居留证件。任何单位和个人不得聘用未取得工作许可和工作类居留证件的外国人。"马萨是学生，没有工作许可和工作类居留证，不得兼职工作。B错误。

《出境入境管理法》第39条第2款规定："外国人在旅馆以外的其他住所居住或者住宿的，

---

〔1〕 B 〔2〕 AC

应当在入住后二十四小时内由本人或者留宿人，向居住地的公安机关办理登记。"C 正确。

《出境入境管理法》第 28 条规定："外国人有下列情形之一的，不准出境：（一）被判处刑罚尚未执行完毕或者属于刑事案件被告人、犯罪嫌疑人的，但是按照中国与外国签订的有关协议，移管被判刑人的除外；（二）有未了结的民事案件，人民法院决定不准出境的；……"可知如果是民事案件，须经法院决定马萨才不得出境。D 错误。

10. 甲国人汉斯因公务签证来华，在北京已居住两年并与中国籍女子结婚，育有一子。根据中国相关法律规定，下列哪些判断是正确的？（2019－回忆版，多）[1]

A. 只要汉斯有尚未完结的民事诉讼，边检机关就可限制其出境

B. 北京是汉斯的经常居所地

C. 汉斯利用周末假期在某语言培训机构兼职教课，属于非法工作

D. 汉斯的儿子具有中国国籍

【考点】外国人出入境、经常居所地

【解析】A 错误。根据我国法律的规定，外国人有未了结的民事诉讼，且经人民法院决定的，不得出境。A 项中缺少了人民法院决定这一条件，所以是错误的。

B 错误。涉外民事法律关系中的经常居所地必须连续居住满一年，且作为生活中心。但要排除就医、公务和劳务派遣。本题中明确说明汤姆来华是公务，所以北京并不是他的经常居所地。

C 正确。外国人在我国工作必须有工作类的签证和许可。题目中显然没有说明这些因素。

D 正确。根据我国法律的规定，父母双方或一方是中国人，本人出生在中国，具有中国国籍。所以，汤姆和王某的孩子具有中国国籍是正确的。

11. 2012 年，甲国夫妇来华收养中国儿童小白，并一同定居甲国。小白因收养关系取得甲国国籍，并改名艾莉。2016 年艾莉被中国的高校录取来中国境内读书。下列选项正确的是哪一项？（2021－回忆版，单）[2]

A. 艾莉到中国学习，无需办理签证

B. 艾莉可以同时有甲国和中国国籍

C. 甲国夫妇想来中国看望艾莉，但甲国爆发较严重疫情，中国入境边防检查机关可以拒绝该夫妇入境，并未说明理由

D. 艾莉可以利用周末期间到快餐店打工

【考点】外国人的入境、出境、国籍相关制度

【解析】A 错误。《出境入境管理法》第 24 条规定："外国人入境，应当向出入境边防检查机关交验本人的护照或者其他国际旅行证件、签证或者其他入境许可证明，履行规定的手续，经查验准许，方可入境。乙因为收养关系加入甲国国籍，应符合本条规定。"

B 错误。《国籍法》第 3 条规定："中华人民共和国不承认中国公民具有双重国籍。"第 9 条规定："定居外国的中国公民，自愿加入或取得外国国籍的，即自动丧失中国国籍。"乙的国籍状态应为甲国国籍。

C 正确。《出境入境管理法》第 21 条规定："患有严重精神障碍、传染性肺结核病或者有可能对公共卫生造成重大危害的其他传染病的，不予签发签证，对不予签发签证的，签证机关可以不说明理由。"第 25 条规定："外国人有下列情形之一的，不准入境，其中包括以上情形，对不准入境的，出入境边防检查机关可以不说明理由。"

D 错误。《出境入境管理法》第 41 条规定："外国人在中国境内工作，应当按照规定取得工作许可和工作类居留证件。第 43 条规定，未按照规定取得工作许可和工作类居留证件在中国境内工作的，属于非法就业。外国留学生违反勤工助学管理规定，超出规定的岗位范围或者时限在中国境内工作的，属于非法就业。"选项 D 未对许可情况加以说明，未满足以上条件，乙不可以在中国境内工作。

第三节　引渡和庇护

12. 甲国公民库克被甲国刑事追诉，现在中国居留，甲国向中国请求引渡库克，中国和甲国间无引渡条约。关于引渡事项，下列选项正确的是：(2013 - 1 - 97，不定项)[1]

A. 甲国引渡请求所指的行为依照中国法律和甲国法律均构成犯罪，是中国准予引渡的条件之一

B. 由于库克健康原因，根据人道主义原则不宜引渡，中国可以拒绝引渡

C. 根据中国法律，引渡请求所指的犯罪纯属军事犯罪的，中国应当拒绝引渡

D. 根据甲国法律，引渡请求所指的犯罪纯属军事犯罪的，中国应当拒绝引渡

【考点】引渡

【解析】《引渡法》第 7 条第 1 款遵循了引渡法原理上的"双重犯罪原则"。双重犯罪原则是可引渡罪行的必备条件之一，是指被请求引渡人的行为必须是请求国和被请求国的法律都认定的犯罪。甲国是请求国，我国是被请求国，引渡请求所指的库克的行为依照中国法律和甲国法律均构成犯罪，具备了我国准予引渡的条件之一。A 正确。

根据《引渡法》第 9 条，由于被请求引渡人的年龄、健康等原因，根据人道主义原则不宜引渡的，外国向我国提出引渡请求，我国可以拒绝。库克由于健康原因，根据人道主义原则不宜引渡，我国可以拒绝引渡。B 正确。

根据《引渡法》第 8 条第 5 项，根据我国法律或者请求国法律，引渡请求所指的犯罪纯属军事犯罪的，我国也应当拒绝请求国的引渡请求。也就是说，库克无论是构成我国法上的军事犯罪，还是构成甲国法上的军事犯罪，都不应当被引渡。C、D 正确。

13. 甲国公民汤姆于 2012 年在本国故意杀人后潜逃至乙国，于 2014 年在乙国强奸一名妇女后又逃至中国。乙国于 2015 年向中国提出引渡请求。经查明，中国和乙国之间没有双边引渡条约。依相关国际法及中国法律规定，下列哪一选项是正确的？(2015 - 1 - 33，单)[2]

A. 乙国的引渡请求应向中国最高人民法院提出

B. 乙国应当作出互惠的承诺

C. 最高人民法院应对乙国的引渡请求进行审查，并由审判员组成合议庭进行

D. 如乙国将汤姆引渡回本国，则在任何情况下都不得再将其转引

【考点】《中华人民共和国引渡法》

【解析】A 错误。《引渡法》第 4 条规定："中华人民共和国和外国之间的引渡，通过外交途径联系。中华人民共和国外交部为指定的进行引渡的联系机关。"因此外交部是我国引渡的对外机关。

B 正确。《引渡法》第 15 条规定："在没有引渡条约的情况下，请求国应当作出互惠的承

诺。"因此我国对外引渡要有条约或互惠承诺，题干中我国与乙国之间没有双边引渡条约，因此本案引渡应建立在互惠承诺的基础上。

C 正确。《引渡法》第 16 条第 2 款规定："最高人民法院指定的高级人民法院对请求国提出的引渡请求是否符合本法和引渡条约关于引渡条件等规定进行审查并作出裁定。最高人民法院对高级人民法院作出的裁定进行复核。"可见对外引渡的决策机关是最高人民法院指定的高院，最高院复核。

D 错误。经引出国同意可以转引渡。

14. 甲国公民彼得，在中国境内杀害一中国公民和一乙国在华留学生，被中国警方控制。乙国以彼得杀害本国公民为由，向中国申请引渡，中国和乙国间无引渡条约。关于引渡事项，下列哪些选项是正确的？(2012 - 1 - 76，多)[1]

A. 中国对乙国无引渡义务

B. 乙国的引渡请求应通过外交途径联系，联系机关为外交部

C. 应由中国最高法院对乙国的引渡请求进行审查，并作出裁定

D. 在收到引渡请求时，中国司法机关正在对引渡所指的犯罪进行刑事诉讼，故应当拒绝引渡

【考点】 引渡

【解析】 A 正确。引渡一般需要根据有关的引渡条约进行，如没有相关条约，国家没有引渡义务，当他国在没有引渡条约的情况下提出引渡时，一国可以自由裁量。

B 正确。《引渡法》第 4 条第 1 款规定："中华人民共和国和外国之间的引渡，通过外交途径联系。中华人民共和国外交部为指定的进行引渡的联系机关。"《引渡法》第 16 条第 1 款规定："外交部收到请求国提出的引渡请求后，应当对引渡请求书及其所附文件、材料是否符合本法第二章第二节和引渡条约的规定进行审查。"

C 错误。审查法院为指定的高级法院，最高法院行使复核权。最高人民法院指定的高级人民法院对请求国提出的引渡请求是否符合本法和引渡条约关于引渡条件等规定进行审查并作出裁定。最高人民法院对高级人民法院作出的裁定进行复核。

D 错误。中国是"可以"拒绝引渡，而不是"应当"拒绝。《引渡法》第 9 条规定："外国向中华人民共和国提出的引渡请求，有下列情形之一的，可以拒绝引渡：

（一） 中华人民共和国对于引渡请求所指的犯罪具有刑事管辖权，并且对被请求引渡人正在进行刑事诉讼或者准备提起刑事诉讼的；

（二） 由于被请求引渡人的年龄、健康等原因，根据人道主义原则不宜引渡的。"

15. 中国人张某在甲国将甲国公民杀死后逃至乙国，已知甲国和乙国之间没有签订引渡条约，但是中国和甲乙两国都有引渡条约。下列选项正确的是？(2018 - 回忆版，多)[2]

A. 中国外交部可以向乙国政府请求将张某先行采取强制措施再行引渡

B. 如甲国向乙国申请引渡，乙国无正当理由不得拒绝引渡

C. 如果乙国未经中国同意将张某引渡给甲国，则中国可以向乙国提起外交保护

D. 如乙国将张某引渡给中国后，甲国向中国提请引渡张某，中国政府应当予以拒绝

【考点】 引渡

【解析】 引渡程序的联系机关为外交部，中国政府对张某有属人管辖权，基于引渡条约，中国外交部可以向乙国申请引渡。A 正确。

---

〔1〕 AB 〔2〕 AD

没有引渡条约，引渡是一国权利，而非义务，因此，乙国可以拒绝引渡。B 错误。

外交保护的条件为：（1）一国国民权利因所在国国家不当行为受到侵害；（2）"国籍持续原则"；（3）"用尽当地救济原则"。乙国并未施有国家不当行为。C 错误。

被请求引渡人具有中国国籍的，应当拒绝引渡。D 正确。

16. 甲国人汤姆在乙国旅游，乙国应丙国的引渡请求对汤姆采取了相关措施。根据国际法的相关规定，下列说法正确的是：(2019 - 回忆版，多)[1]

A. 如果汤姆是政治犯，则乙国应该拒绝丙国的引渡请求

B. 如果汤姆的行为在乙国和丙国均被认为构成犯罪，则乙国可以同意丙国的引渡请求

C. 如果汤姆的行为仅在丙国被认为构成犯罪，则乙国应当拒绝丙国的引渡请求

D. 因为汤姆是甲国公民，所以乙国无权将其引渡给丙国

【考点】引渡

【解析】A 正确。根据国际法的规定，"政治犯不引渡"是引渡领域的一般规则。

B 正确。根据国际法的规定，"双重犯罪"也是引渡领域的一般规则，即相关行为在请求国和被请求国都应当被认定为犯罪才可以引渡。

C 正确。参见 B 项解析。

D 错误。国际法只规定了"本国人不引渡"规则，即当被请求引渡的人员具有被请求引渡国国籍时，被请求国可以拒绝引渡，并没有禁止对第三国人的引渡。总体来说，除"本国人"外，引渡的对象可以包括任何国家的人员。

---

[1] ABC

第五章 外交关系和领事关系法

外交关系法

1. 甲乙二国建有外交及领事关系，均为《维也纳外交关系公约》和《维也纳领事关系公约》缔约国。乙国为举办世界杯足球赛进行城市改建，将甲国使馆区域、大使官邸、领馆区域均纳入征用规划范围。对此，乙国作出了保障外国使馆、领馆执行职务的合理安排，并对搬迁使领馆给予及时、有效、充分的补偿。根据国际法相关规则，下列哪些判断是正确的？（2010 - 1 - 79，多）[1]

A. 如甲国使馆拒不搬迁，乙国可采取强制的征用搬迁措施

B. 即使大使官邸不在使馆办公区域内，乙国也不可采取强制征用搬迁措施

C. 在作出上述安排和补偿的情况下，乙国可征用甲国总领馆办公区域

D. 甲国总领馆馆舍在任何情况下均应免受任何方式的征用

【考点】使馆特权和领馆特权

【解析】根据《维也纳外交关系公约》，使馆馆舍享有的特权与豁免包括：

（1）接受国人员非经使馆馆长许可，不得进入使馆馆舍；

（2）接受国对使馆馆舍负有特殊的保护责任，应采取一切适当步骤保护使馆馆舍免受侵入或损害，并防止一切扰乱使馆尊严和安宁的事情；

（3）使馆馆舍及设备，以及馆舍内其他财产与使馆交通工具免受搜查、征用、扣押或强制执行。

根据《维也纳领事关系公约》，领馆享有的特权与豁免包括：

（1）接受国人员非经领馆馆长或其指定人员或派遣国使馆馆长同意，不得进入领馆馆舍中专供领馆工作之用的部分。但遇火灾或其他灾害须迅速采取保护行动时，可以推定馆长已同意；

（2）接受国负有特殊责任，采取一切适当步骤保护领馆馆舍免受侵入或损害，并防止任何扰乱领馆安宁或有损领馆尊严的事情；

（3）领馆馆舍、馆舍设备以及领馆的财产与交通工具一般应免受任何方式的征用。如接受国确有征用的必要时，应采取一切可能步骤以免妨碍领馆执行职务，并应向派遣国作出迅速、充分及有效的补偿。

A错误，B正确。使馆是不得征收征用的，更不得采取任何强制搬迁措施。

---

[1] BC

C 正确，D 错误。对于领馆馆舍在符合一定条件下可以进行征用。

2. 甲乙丙三国均为《维也纳外交关系公约》缔约国。甲国汤姆长期旅居乙国，结识甲国驻乙国大使馆参赞杰克，二人在乙国与丙国汉斯发生争执并互殴，汉斯被打成重伤后，杰克将汤姆秘匿于使馆休息室。关于事件的处理，下列哪一选项是正确的？（2012 - 1 - 32，单）[1]

A. 杰克行为已超出职务范围，乙国可对其进行逮捕

B. 该使馆休息室并非使馆工作专用部分，乙国警察有权进入逮捕汤姆

C. 如该案件在乙国涉及刑事诉讼，杰克无作证义务

D. 因该案发生在乙国，丙国法院无权对此进行管辖

【考点】 使馆特权和外交人员特权

【解析】 外交人员的豁免权主要包括：

（1）刑事管辖豁免：享有完全的对接受国刑事管辖的豁免，即接受国的司法机关不得对其进行刑事审判和处罚。A 错误。外交人员刑事管辖采用完全豁免原则。

（2）民事和行政管辖豁免：接受国的法院不对外交人员进行民事管辖，包括不进行审判和处罚，也不采取强制执行措施。在行政管辖事项上，接受国对外交人员也给予一定的豁免，如免除外交人员的户籍和婚姻登记，对其违反行政法规的行为不实行行政制裁等。

外交人员的民事和行政管辖豁免的例外情形：

①外交人员在接受国境内私有不动产物权的诉讼，但其代表派遣国为使馆用途置有的不动产不在此列；

②外交人员以私人身份并不代表派遣国而作为遗嘱执行人、遗产管理人、继承人或受赠人之继承事项的诉讼；

③外交人员在接受国内在公务范围以外所从事的专业或商务活动的诉讼；

④外交人员主动起诉而引起的与该诉讼直接有关的反诉。

（3）外交人员享有的上述豁免是接受国的管辖豁免，如外交人员有违法行为，其相关责任并不能因此而豁免，有关的责任问题将通过外交途径解决。

（4）外交人员免除作证义务，不仅没有被迫在法律程序中作为证人出庭的作证义务，而且没有提供证词的义务。C 正确。外交人员免除作证义务。

（5）外交人员的特权和管辖豁免可以由其派遣国放弃，但这种放弃只能由派遣国明示作出，外交人员本身没有作出这种放弃的权利。对诉讼程序上管辖豁免的放弃，不得视为对判决执行豁免的默示放弃，后项放弃需由派遣国单独明确作出。

B 错误。使馆休息室也属于使馆馆舍的一部分，非经许可不得进入。

D 错误。依据属人管辖原则，丙国法院有权进行管辖。

3. 甲乙两国因政治问题交恶，甲国将其驻乙国的大使馆降级为代办处。后乙国出现大规模骚乱，某乙国公民试图翻越围墙进入甲国驻乙国代办处，被甲国随员汤姆开枪打死。根据该案情以下说法正确的是？（2018 - 回忆版，单）[2]

A. 因甲国主动将驻乙国使馆降级为代办处，根据相关公约的规定代办处不再受到外交法的保护

B. 随员汤姆的行为是为了保护代办处的安全，因此不负任何刑事责任

C. 乙国可以因随员汤姆的开枪行为对其采取刑事强制措施

D. 如果甲国明示放弃汤姆的外交豁免权，则乙国可以对汤姆采取刑事强制措施

---

[1] C　[2] D

【考点】《维也纳外交关系公约》、使馆特权和外交人员特权

【解析】根据《维也纳外交关系公约》第14条，使馆馆长分为如下三级：大使或教廷大使，使节、公使及教廷公使，代办。代办处仍然受外交法的保护。A错误。

随员是外交职员的一种，属于使馆职员，享有外交人员的特权和豁免，外交代表对管辖之豁免可由派遣国抛弃之。豁免之抛弃，概须明示。C错误，D正确。

享有外交特权与豁免是程序问题，并不意味着在实体上不负任何刑事责任，通过外交途径解决。B错误。

4. 甲乙丙三国因历史原因，冲突不断，甲国单方面暂时关闭了驻乙国使馆。艾诺是甲国派驻丙国使馆的二秘，近日被丙国宣布为不受欢迎的人。根据相关国际法规则，下列哪些选项是正确的？（2014－1－74，多）[1]

A. 甲国关闭使馆应经乙国同意后方可实现

B. 乙国驻甲国使馆可用合法手段调查甲国情况，并及时向乙国作出报告

C. 丙国宣布艾诺为不受欢迎的人，须向甲国说明理由

D. 在丙国宣布艾诺为不受欢迎的人后，如甲国不将其召回或终止其职务，则丙国可拒绝承认艾诺为甲国驻丙国使馆人员

【考点】使馆特权和豁免、外交代表的派遣

【解析】A错误。一国关闭驻外使馆无须他国同意。

B正确。根据《维也纳外交关系公约》第3条第1款第4项，使馆有权通过一切合法手段调查接受国之状况及发展情形，并向派遣国政府具报。

C错误，D正确。秘书是按照使馆馆长的旨意办理外交事务的外交官，可以分为一等秘书、二等秘书和三等秘书。《维也纳外交关系公约》第9条规定："一、接受国得随时不具解释通知派遣国宣告使馆馆长或使馆任何外交职员为不受欢迎人员或使馆任何其他职员为不能接受。遇此情形，派遣国应斟酌情况召回该员或终止其在使馆中之职务。任何人员得于其到达接受国国境前，被宣告为不受欢迎或不能接受。二、如派遣国拒绝或不在相当期间内履行其依本条第一项规定所负义务，接受国得拒绝承认该员为使馆人员。"丙国宣布艾诺为不受欢迎的人，无须解释和说明理由。

5. 甲国驻乙国大使汤姆因辱骂乙国总统被乙国宣布为"不受欢迎的人"。根据国际法的规定，下列说法正确的是：（2019－回忆版，多）[2]

A. 甲国应立即将汤姆召回

B. 甲国应立即停止汤姆的大使职务

C. 甲国有权要求乙国说明将汤姆列为不受欢迎人员的理由

D. 如甲国拒绝将汤姆召回或终止其大使职务，乙国可令汤姆限期离境

【考点】外交人员被宣布为不受欢迎

【解析】接受国得随时不具解释通知派遣国宣告使馆馆长或使馆任何外交职员为不受欢迎人员或使馆任何其他职员为不能接受。遇此情形，派遣国应斟酌情况召回该员或终止其在使馆中之职务。任何人员得于其到达接受国国境前，被宣告为不受欢迎或不能接受而无需说明理由。

6. 甲乙两国均为《维也纳领事关系公约》缔约国，阮某为甲国派驻乙国的领事官员。关于阮某的领事特权与豁免，下列哪一表述是正确的？（2013－1－32，单）[3]

---

[1] BD　〔2〕BD　〔3〕A

A. 如犯有严重罪行，乙国可将其羁押

B. 不受乙国的司法和行政管辖

C. 在乙国免除作证义务

D. 在乙国免除缴纳遗产税的义务

【考点】 领事的特权与豁免及其例外

【解析】 A 正确。领事官员人身自由受到一定程度的保护。包括接受国对领事官员不得予以逮捕候审或羁押候审，不得监禁或以其他方式拘束领事官员的人身自由，但对犯有严重罪行或司法机关已裁判执行的除外。

B 错误。领事官员管辖豁免也有例外，其表述过于绝对。

C 错误。领事官员仅就职务行为免除作证义务。

D 错误。间接税、遗产税、服务费等不在领事官员免税的范围之内。

7. 甲国与乙国基于传统友好关系，兼顾公平与效率原则，同意任命德高望重并富有外交经验的丙国公民布朗作为甲乙两国的领事官员派遣至丁国。根据《维也纳领事关系公约》，下列哪一选项是正确的？（2015－1－34，单）[1]

A. 布朗既非甲国公民也非乙国公民，此做法违反《公约》

B. 《公约》没有限制，此做法无须征得丁国同意

C. 如丁国明示同意，此做法是被《公约》允许的

D. 如丙国与丁国均明示同意，此做法才被《公约》允许

【考点】 领事关系

【解析】 无论是外交人员还是领事官员，只要其不具有派遣国国籍均须经接受国明示同意。C 正确。

8. 甲、乙两国均为《维也纳外交关系公约》缔约国，甲国拟向乙国派驻大使馆工作人员。其中，杰克是武官，约翰是二秘，玛丽是甲国籍会计且非乙国永久居留者。依该公约，下列哪一选项是正确的？（2017－1－33，单）[2]

A. 甲国派遣杰克前，无须先征得乙国同意

B. 约翰在履职期间参与贩毒活动，乙国司法机关不得对其进行刑事审判与处罚

C. 玛丽不享有外交人员的特权与豁免

D. 如杰克因参加斗殴意外死亡，其家属的特权与豁免自其死亡时终止

【考点】 外交代表的派遣、外交人员及其家属的特权与豁免

【解析】 根据《维也纳外交关系公约》的规定，派遣国派遣武官，应先行提名并征得接受国同意。A 错误。

约翰属于外交人员，履职期间享有完全的刑事管辖豁免。B 正确。

玛丽是使馆中的行政人员，非接受国国民且不在乙国永久居留，享有有限的豁免。C 错误。

使馆人员死亡，其家属应继续享有应享之特权与豁免，至听任其离境之合理期间终了之时为止。D 错误。

9. 汉斯为甲国驻乙国大使馆的武官，甲乙都是《维也纳外交关系条约》的缔约国，下列哪一选项是正确的？（2019－回忆版，单）[3]

A. 甲国驻乙国大使馆爆发恶性传染病，乙国卫生部门人员可未经许可进入使馆馆舍消毒

---

[1] C 〔2〕 B 〔3〕 D

B. 乙国应为甲国大使馆提供免费的物业服务

C. 甲国大使馆非经许可，不得安装或使用无线设备

D. 汉斯射杀3个翻墙进入使馆的乙国人，乙国司法部门不得对其进行刑事审判与处罚

【考点】 外交代表的特权与豁免

【解析】 A错误。根据国际法的规定，使馆不经同意绝对不得进入，即使有紧急情况也不能推定同意。

B错误。使馆不须缴纳关税和捐税。但间接税、服务费不在其中。

C错误。国际法规定是不经接受国同意不得安装或使用无线电发报机，C项的表述是无线设备。

D正确。根据国际法的规定，外交人员享有完全的刑事豁免。

10. 甲乙两国均为《维也纳外交关系公约》《维也纳领事关系公约》缔约国，以下选项正确的是？（2020–回忆版，单）[1]

A. 甲国驻乙国参赞涉嫌交通肇事罪，自己放弃外交特权与豁免，乙国可对其逮捕和审判

B. 某特别外交邮差涉嫌毒品犯罪，等他把外交信件投递完毕后，乙国有权将其逮捕并审判。

C. 甲国驻乙国领事官员可在甲国驻乙国大使的批准下，在领馆范围外从事职务活动

D. 乙国驻甲国公使可在节假日有偿参加商事活动

【考点】 外交人员特权与豁免、领事人员特权与豁免

【解析】 外交人员的特权和管辖豁免可以由其派遣国放弃，但这种放弃只能由派遣国明示作出，外交人员本身没有作出这种放弃的权利。A错误。

派遣国或其使馆还可派特别外交信差。这种信差亦享有外交信差的豁免，但当其将负责携带的外交邮袋送交收件人后即不再享有此等豁免。B正确。

领事事务应在领事辖区内行使。C错误。

外交代表不应在接受国内为私人利益从事任何专业或商业活动。D错误。

11. 根据《维也纳外交关系公约》《维也纳领事关系公约》相关规定，以下选项正确的是？（2020–回忆版，单）[2]

A. 甲国驻乙国大使馆有权在使馆内庇护涉嫌在乙国犯罪的丙国公民

B. 乙国怀疑甲国驻乙国某领馆的邮袋内有爆炸物，若甲国该领馆拒绝开拆，乙国可以将邮袋退回

C. 甲国有权声明乙国某外交人员为不受欢迎的人，但必须说明理由

D. 乙国驻甲国某领馆办公楼发生火灾，因为情况紧急，在乙国领馆馆长反对的情况下，甲国消防人员也可进入领馆灭火

【考点】 外交人员特权与豁免、领事人员特权与豁免

【解析】 使馆馆舍不得用于与使馆职务不相符合的其他用途。如不得利用使馆馆舍庇护接受国或第三国的人员。A错误。

领馆的邮袋不得予以开拆或扣留，但如有重大理由可在派遣国授权代表在场下开拆邮袋。若派遣国拒绝开拆，邮袋应退回原发送地。B正确。

该事项无须说明理由。C错误。

接受国人员非经领馆馆长或其指定人员或派遣国使馆馆长同意，不得进入领馆馆舍中专供

领馆工作之用的部分。但遇火灾或其他灾害须迅速采取保护行动时，可以推定馆长已同意。而本题中并非推定，而是明确拒绝，因而不得进入。D错误。

12. 甲乙两国均为《维也纳外交关系公约》的缔约国，两国未签订其他相关协定。根据《维也纳外交关系公约》相关规定，下列哪些选项是正确的是哪些？(2021－回忆版，多)[1]

  A. 外交邮袋可以经商业飞机机长转递

  B. 甲乙两国宣战后，甲国扣押乙国使馆档案财产

  C. 即使甲国驻乙国大使馆长期撤离后，甲国也不得进入扣押

  D. 甲国驻乙国大使馆有权庇护被乙国通缉的丙

【考点】使馆特权与豁免

【解析】A正确。根据《维也纳外交关系公约》，外交邮袋可托交预定在准许入境地点降落的商业飞机机长转递。机长应持有载明构成邮袋的邮包件数的官方文件，但机长不能视为外交信差。使馆得派馆员一人径向飞机机长自由取得外交邮袋。

B错误。使馆财产及档案不得侵犯。使馆的档案及文件无论何时何处，均不得侵犯。接受国任何时候都不得要求使馆交出其档案和文件，也不得对使馆的档案和文件采取搜查、查封、扣押、没收或销毁等措施，无论这些文件档案位于何处。战争开始后，交战国间的外交关系和领事关系一般自动断绝。交战国关闭其在敌国的使、领馆。接受国有一般的义务尊重馆舍财产和档案安全。

C正确。使馆财产及档案不得侵犯这项特权即使两国断交、使馆馆长长期或暂时撤退、发生武装冲突时也不例外。

D错误。庇护是国家基于领土主权而引申出的权利。关于领土以外的庇护，或称为域外庇护，最常见的是指利用国家在外国的外交或领事机构馆舍、船舶或飞机等作为场所进行的庇护。这种庇护是没有一般国际法根据的。

第六章 条约法

第一节 条约的缔结

1. 中国拟与甲国就有关贸易条约进行谈判。根据我国相关法律规定，下列哪一选项是正确的？（2010－1－32，单）[1]

A. 除另有约定，中国驻甲国大使参加该条约谈判，无须出具全权证书

B. 中国驻甲国大使必须有外交部长签署的全权证书方可参与谈判

C. 该条约在任何条件下均只能以中国和甲国两国的官方文字作准

D. 该条约在缔结后应由中国驻甲国大使向联合国秘书处登记

【考点】条约的缔结

【解析】《缔结条约程序法》第6条规定："谈判和签署条约、协定的代表按照下列程序委派：

（一）以中华人民共和国名义或者中华人民共和国政府名义缔结条约、协定，由外交部或者国务院有关部门报请国务院委派代表。代表的全权证书由国务院总理签署，也可以由外交部长签署；

（二）以中华人民共和国政府部门名义缔结协定，由部门首长委派代表。代表的授权证书由部门首长签署。部门首长签署以本部门名义缔结的协定，各方约定出具全权证书的，全权证书由国务院总理签署，也可以由外交部长签署。

下列人员谈判、签署条约、协定，无须出具全权证书：

（一）国务院总理、外交部长；

（二）谈判、签署与驻在国缔结条约、协定的中华人民共和国驻该国使馆馆长，但是各方另有约定的除外；

（三）谈判、签署以本部门名义缔结协定的中华人民共和国政府部门首长，但是各方另有约定的除外；

（四）中华人民共和国派往国际会议或者派驻国际组织，并在该会议或者该组织内参加条约、协定谈判的代表，但是该会议另有约定或者该组织章程另有规定的除外。"A正确，B错误。

《缔结条约程序法》第13条规定："中华人民共和国同外国缔结的双边条约、协定，以中文和缔约另一方的官方文字写成，两种文本同等作准；必要时，可以附加使用缔约双方同意的

---

[1] A

一种第三国文字，作为同等作准的第三种正式文本或者作为起参考作用的非正式文本；经缔约双方同意，也可以规定对条约、协定的解释发生分歧时，以该第三种文本为准。

某些属于具体业务事项的协定，以及同国际组织缔结的条约、协定，经缔约双方同意或者依照有关国际组织章程的规定，也可以只使用国际上较通用的一种文字。"C错误。

《缔结条约程序法》第17条规定："中华人民共和国缔结的条约和协定由外交部按照联合国宪章的有关规定向联合国秘书处登记。

中华人民共和国缔结的条约和协定需要向其他国际组织登记的，由外交部或者国务院有关部门按照各该国际组织章程的规定办理。"D错误。

2. 依据《中华人民共和国缔结条约程序法》及中国相关法律，下列哪些选项是正确的？(2015－1－76，多)[1]

A. 国务院总理与外交部长参加条约谈判，无需出具全权证书
B. 由于中国已签署《联合国国家及其财产管辖豁免公约》，该公约对我国具有拘束力
C. 中国缔结或参加的国际条约与中国国内法有冲突的，均优先适用国际条约
D. 经全国人大常委会决定批准或加入的条约和重要协定，由全国人大常委会公报公布

【考点】全权证书、条约的生效

【解析】A正确。国家元首、政府首脑、外交部长属于无需出具全权证书的人。

B错误。国际条约如何发生拘束力，首先由条约本身的规定决定；其次，根据我国《缔结条约程序法》的相关规定，条约和重要协定均须经全国人大常委会的批准。

C错误。在民商事范围内条约与国内法冲突时，条约可以优先适用；若条约在我国是经转化适用的，我国应保证转化后的国内法在内容上与条约一致，但可从根本上排除该条约的直接适用，若条约都不能直接适用，更加谈不上优先适用。

D正确。《缔结条约程序法》第15条规定："经全国人民代表大会常务委员会决定批准或者加入的条约和重要协定，由全国人民代表大会常务委员会公报公布。其他条约、协定的公布办法由国务院规定。"

第二节　条约的保留和条约的效力

3. 根据《维也纳条约法公约》和《中华人民共和国缔结条约程序法》，关于中国缔约程序问题，下列哪些表述是正确的？(2013－1－74，多)[2]

A. 中国外交部长参加条约谈判，无需出具全权证书
B. 中国谈判代表对某条约作出待核准的签署，即表明中国表示同意受条约约束
C. 有关引渡的条约由全国人大常委会决定批准，批准书由国家主席签署
D. 接受多边条约和协定，由国务院决定，接受书由外交部长签署

【考点】条约法—条约的保留—保留的法律效果

【解析】根据《缔结条约程序法》第6条第2款，A正确。

根据《缔结条约程序法》第7条第1、2款，中国谈判代表签署的条约必须经全国人大常委会批准才能生效，B错误，C正确。

《缔结条约程序法》第12条规定："接受多边条约和协定，由国务院决定。

_____

[1] AD　[2] ACD

经中国代表签署的或者无须签署的载有接受条款的多边条约、协定，由外交部或者国务院有关部门会同外交部审查后，提出建议，报请国务院作出接受的决定。接受书由外交部长签署，具体手续由外交部办理。"D正确。

4. 甲乙丙三国为某投资公约的缔约国，甲国在参加该公约时提出了保留，乙国接受该保留，丙国反对该保留，后乙丙丁三国又签订了涉及同样事宜的新投资公约。根据《维也纳条约法公约》，下列哪些选项是正确的？（2014－1－76，多）〔1〕

A. 因乙丙丁三国签订了新公约，导致甲乙丙三国原公约失效

B. 乙丙两国之间应适用新公约

C. 甲乙两国之间应适用保留修改后的原公约

D. 尽管丙国反对甲国在原公约中的保留，甲丙两国之间并不因此而不发生条约关系

【考点】条约法——条约的保留、条约的冲突

【解析】A错误。缔约方就同一事项缔结了两个或数个内容不同的条约，造成不同的条约之间产生矛盾，这种情形称为条约的冲突。依据有关的条约冲突规则，签订新条约并不导致签订在先的条约失效。

B正确。对于反对保留国，如果反对保留国的国家未反对条约在本国与保留国之间生效，此项保留所涉及的规定在保留的范围内，对于该两国间不适用，但不反对条约本身生效。故乙丙两国之间就保留事项不适用，适用新公约。

C正确。根据《维也纳条约法公约》，条约的保留一经成立，在保留国与接受保留国之间，修改保留所涉及的有关条款。对接受保留国而言，其与保留国的关系依据同一范围修改有关规定。故甲乙两国之间应适用保留修改后的原公约。

D正确。尽管丙反对甲国在原公约的保留，但甲丙两国并不因此不发生条约关系。

5. 甲乙丙丁都是某多边条约的缔约国，条约规定缔约国之间就该条约产生的纠纷应提交国际法院解决，甲对此规定声明保留。乙国表示接受甲国的保留；丙国不仅反对甲国的保留，还主张条约在甲丙之间不发生效力；丁国反对甲国的保留但不反对条约其他条款在甲丁两国的适用。甲乙丙丁都是《维也纳条约法公约》的缔约国，下列哪些判断是正确的？（2020－回忆版，多）〔2〕

A. 甲乙之间因该条约产生的纠纷应由国际法院管辖

B. 丙国可反对甲国的保留，但不能主张条约在甲丙之间不发生效力

C. 甲丁之间条约有效，仅保留条款在两国之间视为不存在

D. 乙丁之间因该条约产生的纠纷应由国际法院管辖

【考点】条约的保留

【解析】根据《维也纳条约法公约》：（1）在保留国与接受保留国之间，按保留的范围，修改了该保留所涉及的一些条款所规定的权利义务关系。A错误。

（2）在保留国与反对保留国之间，若反对保留国并不反对该条约在保留国与反对保留国之间生效，则保留所涉及的规定，在保留的范围内，不在该两国之间适用。C正确，B错误。

（3）在未提出保留的国家之间，按照原来条约的规定，无论未提出保留的国家是否接受另一缔约国的保留。D正确。

---

〔1〕 BCD　〔2〕 CD

第七章　国际争端的和平解决

1. 根据国际法相关规则，关于国际争端解决方式，下列哪些表述是正确的？（2011 - 1 - 76，多）[1]

A. 甲乙两国就界河使用发生纠纷，丙国为支持甲国可出面进行武装干涉

B. 甲乙两国发生边界争端，丙国总统可出面进行调停

C. 甲乙两国可书面协议将两国的专属经济区争端提交联合国国际法院，国际法院对此争端拥有管辖权

D. 国际法院可就国际争端解决提出咨询意见，该意见具有法律拘束力

【考点】国际争端解决方式

【解析】国际争端的解决方式包括传统方式和法律方式，前者又包括强制方法和非强制方法；后者又包括仲裁、法院方式。

武装干涉属于一种解决争端的强制方法，是指第三方擅自或片面介入其他国家间的争端，并强迫按照干涉国的方式解决争端，这种方式在现代国际法中属于非法行为。A错误。

调停属于一种解决争端的非强制方法，指第三方以调停人的身份，就争端的解决提出方案，并直接参加或主持谈判，以协助争端解决。B正确。丙国总统的行为是可行的。

对于争端国纠纷，国际法院是否具有诉讼管辖权，取决于两个方面：对人管辖权和对事管辖权。

"对人管辖权"即谁可以作为国际法院诉讼当事方：（1）联合国会员国；（2）非联合国会员国但为《国际法院规约》的当事国；（3）既非联合国会员国也非《联合国规约》当事国，但根据安理会决定的条件，预先向国际法院书记处交存一份声明，表示愿意接受国际法院管辖、保证执行法院判决及履行相关义务的国家。

"对事管辖权"即对什么事项可以管辖，国际法院管辖案件可以通过三种方式建立：（1）自愿管辖：即对任何争端，当事国达成协议，提交国际法院管辖；（2）协定管辖：依据条约或协定而提交国际法院管辖；（3）任择强制管辖：《国际法院规约》当事国通过发表声明，就特定事项接受国际法院强制管辖而不需要另有协议或条约规定。

虽然本题未明确对甲乙两国的身份给予提示，但其协定提交国际法院进行解决争议的方式是合法的，国际法院具有管辖权。C正确。

国际法院的咨询管辖权，请求主体有限制，只有联合国大会及大会临时委员会、安理会、经社理事会、托管理事会、要求复核行政法庭所作判决的申请委员会以及经大会授权的联合国专门机构或其他机构，可以就执行其职务中的任何法律问题请求国际法院发表咨询意见，除此

---

[1] BC

之外的任何国家、团体、个人包括联合国秘书长都无权请求法院提供咨询意见。国际法院作出的咨询意见没有法律约束力，但具有一定的影响力。D错误。

2. 甲乙两国协议将其边界领土争端提交联合国国际法院。国际法院作出判决后，甲国拒不履行判决确定的义务。根据《国际法院规约》，关于乙国，下列哪一说法是正确的？（2011 - 1 - 34，单）[1]

A. 可申请国际法院指令甲国国内法院强制执行

B. 可申请由国际法院强制执行

C. 可向联合国安理会提出申诉，请求由安理会作出建议或决定采取措施执行判决

D. 可向联大法律委员会提出申诉，由法律委员会决定采取行动执行判决

【考点】国际法院判决的执行

【解析】国际法院的判决是终局性的，判决一经作出，即对本案及本案当事国产生拘束力，当事国必须履行，如果一方拒不履行判决，另一方得向安理会提出申诉，安理会可以作出有关建议或决定采取措施执行判决。C正确。

3. 甲、乙是联合国会员国。甲作出了接受联合国国际法院强制管辖的声明，乙未作出接受联合国国际法院强制管辖的声明。甲、乙也是《联合国海洋法公约》的当事国，现对相邻海域中某岛屿归属产生争议。关于该争议的处理，下列哪一选项是不符合国际法的？（2012 - 1 - 33，单）[2]

A. 甲、乙可达成协议将争议提交联合国国际法院

B. 甲、乙可自愿选择将争议提交联合国国际法院或国际海洋法庭

C. 甲可单方将争议提交联合国国际法院

D. 甲、乙可自行协商解决争议

【考点】和平解决国际争端——解决争端的传统方式

【解析】国际争端解决方式包括传统方式（强制方法与非强制方法）、政治方法、国际组织解决、法律方法。

国际争端法律解决方法又包括仲裁与法院，其中法院指国际法院又称联合国国际法院。国际法院有诉讼管辖和咨询管辖两项职权，诉讼管辖又分为"对人管辖权"和"对事管辖权"。而国际法院对事管辖权的行使一般是通过3种方式建立的：（1）自愿管辖：当事国在争端发生后达成协议，将争端提交国际法院；（2）协议管辖：在现行条约或协定中，规定各方同意将有关的争端提交国际法院解决；（3）任择强制管辖：当事国通过发表声明，对某些性质的争端，对于接受同样义务的任何其他当事国，接受法院的管辖为当然具有强制性，而不需要再有特别约定。

A、B、D都是正确解决争端的方式，而C错误，国家单方是不能自主将争议提交国际法院的。

4. 关于联合国国际法院的表述，下列哪一选项是正确的？（2013 - 1 - 34，单）[3]

A. 联合国常任理事国对国际法院法官的选举不具有否决权

B. 国际法院法官对涉及其国籍国的案件，不适用回避制度，即使其就任法官前曾参与该案件

C. 国际法院判决对案件当事国具有法律拘束力，构成国际法的渊源

D. 国际法院作出的咨询意见具有法律拘束力

---

[1] C [2] C [3] A

【考点】国际法院

【解析】国际法院法官由联合国大会、安理会双重选举产生；安理会常任理事国对法官选举没有否决权。A 正确。

回避制度及专案法官制度：本国案件不回避，除非就任以前曾经接手；如果案件的一个当事国的国民是国际法院的法官，他方则可以选派一人做"专案法官"，享有与法官同等权利，双方均没有本国国籍的法官，则双方可以各选派一名"专案法官"。B 错误。

国际法院作出的咨询意见没有法律拘束力。D 错误。

国际法院判决对案件当事国具有法律拘束力，但不构成国际法的渊源，国际法的渊源包括国际条约、国际习惯和一般法律原则。C 错误。

5. 关于国际法院，依《国际法院规约》，下列哪一选项是正确的？(2016 - 1 - 34，单)〔1〕

A. 安理会常任理事国对法官选举拥有一票否决权

B. 国际法院是联合国的司法机关，有诉讼管辖和咨询管辖两项职权

C. 联合国秘书长可就执行其职务中的任何法律问题请求国际法院发表咨询意见

D. 国际法院做出判决后，如当事国不服，可向联合国大会上诉

【考点】国际法院

【解析】A 错误。根据《联合国宪章》和《国际法院规约》规定，联合国秘书长就法官候选人名单，交联合国大会和安理会分别选举。候选人同时在大会和安理会中获得绝对多数票时当选，安理会投票时，常任理事国不得行使一票否决权。

B 正确，C 错误。国际法院作为联合国的司法机关，享有诉讼管辖权与咨询管辖权两项职权。咨询管辖权指联合国大会及大会临时委员会、安理会、经社理事会、托管理事会、要求复核行政法庭所做判决的申请委员会，以及经大会授权的联合国专门机构或其他机构，对于任何法律问题得请求国际法院发表咨询意见。其他任何国家、团体、个人，包括联合国秘书长都无权请求法院提供咨询意见。

D 错误。国际法院的判决是终局性的。判决一经作出，即对本案及本案当事国产生拘束力，当事国必须履行。如有一方拒不履行，他方得向安理会提出申诉，安理会可以作出有关建议或决定采取措施执行判决。

6. 甲、乙、丙三国对某海域的划界存在争端，三国均为《联合国海洋法公约》缔约国。甲国在批准公约时书面声明海洋划界的争端不接受公约的强制争端解决程序，乙国在签署公约时口头声明选择国际海洋法法庭的管辖，丙国在加入公约时书面声明选择国际海洋法法庭的管辖。依相关国际法规则，下列哪一选项是正确的？(2017 - 1 - 34，单)〔2〕

A. 甲国无权通过书面声明排除公约强制程序的适用

B. 国际海洋法法庭对该争端没有管辖权

C. 无论三国选择与否，国际法院均对该争端有管辖权

D. 国际海洋法法庭的设立排除了国际法院对海洋争端的管辖权

【考点】海洋划界争端解决程序、国际海洋法法庭管辖权、国际法院管辖权

【解析】国际法院和联合国海洋法法庭是两个不同的机构，海洋法法庭是根据《联合国海洋法公约》设立的，它是在海洋活动领域的全球性司法机构，但其建立不排除国际法院对海洋活动的管辖，争端当事国可以自愿选择将海洋争端交由哪个机构来审理。《海洋法公约》第 298 条规定了排除公约强制程序的例外。A 错误。

---

〔1〕 B 〔2〕 B

国际海洋法法庭、国际法院的管辖权均以争端方同意为条件，甲国未同意。B 正确，C 错误。

国际海洋法法庭的设立不能排除国际法院对海洋争端的管辖权。D 错误。

7. 甲乙两国都是联合国会员国，现因领土争端，甲国欲向国际法院提起诉讼，关于该问题以下说法正确的是？（2018 - 回忆版，单）[1]

A. 如国际法院受理该案件，发现主审法官中有甲国公民，则乙国可以申请该法官回避

B. 如审理案件中甲国发现法官中有乙国法官，则可以申请增加本国国籍的法官为专案法官

C. 如法院判决乙国败诉又不执行该判决，则甲国可以申请国际法院强制执行该判决

D. 如果国际法院作出判决，则该判决可以成为国际法渊源对所有联合国成员国都有约束力

【解析】 国际法院的回避制度中，法官对本国为当事一方的案件有权参加审理，只有以前曾经参与过的案件才不得参加审理。A 错误。

国际法院设有专案法官制度，即法院受理案件，如果当事国没有本国国籍的法官，可为该案件选派一名专案法官，虽然它没有义务这样做。专案法官不必持有指派国国籍。B 正确。

若争端一方拒不履行国际法院判决，他方得向联合国安理会提出申诉，请求由安理会作出建议或者决定采取措施执行判决。C 错误。

国际法渊源为国际条约、国际习惯和一般法律原则，此外，司法判例、权威公法学家学说和国际组织的决议为确定法律原则的辅助方法，并非法律渊源。D 错误。

---

[1] B

第八章　战争与武装冲突法

1. 甲、乙国发生战争，丙国发表声明表示恪守战时中立义务。对此，下列哪一做法不符合战争法？(2012-1-34，单)[1]

A. 甲、乙战争开始后，除条约另有规定外，二国间商务条约停止效力

B. 甲、乙不得对其境内敌国人民的私产予以没收

C. 甲、乙交战期间，丙可与其任一方保持正常外交和商务关系

D. 甲、乙交战期间，丙同意甲通过自己的领土过境运输军用装备

【考点】战争与武装冲突法—战时中立

【解析】中立国的义务：（1）不作为义务，指中立国不得直接或间接地向任何交战国提供军事支持或帮助；（2）防止义务，指中立国有义务采取一切可能的措施，防止交战国在其领土或其管辖范围内的区域从事战争，或利用其资源准备从事战争敌对行动以及战争相关行动，包括在该区域征兵、备战、建立军事设施或捕获法庭、军队及军用装备过境等；（3）容忍义务，中立国必须容忍交战国根据战争法对其国家和人民采取的有关措施，包括对其有关的船舶临检、对其从事非中立义务的船舶的拿捕审判、处罚或非常征用。D项丙国作为中立国违反了防止义务。

2. 甲国和乙国是陆上邻国，因划界纠纷问题争端频发，后引发战争。根据国际法相关规则，下列选项正确的是哪些？(2021-回忆版，多)[2]

A. 战争开始后，甲乙两国互助条约立即废止

B. 战争开始后，两国边界条约当然废止

C. 战争开始后，甲国军舰在海上遇到乙国商船可以拿捕没收

D. 甲国有权对其境内的乙国居民进行敌侨登记，并进行强制集中居住

【考点】战争开始的法律后果

【解析】A正确。战争开始后，凡以维持共同政治行动或友好关系为前提的条约，如同盟条约、互助条约或和平友好条约立即废止。

B错误。关于规定缔约国间固定或永久状态的条约，如边界条约、割让条约等一般应继续维持，除非这类条约另有规定，或缔约方另有协议。题中没有说明存在另有规定的情形，因而两国边界条约应继续维持，而不是当然废止。

C正确。交战国对在海上遇到敌国公、私船舶及货物，可予以拿捕没收，但对从事探险、科学、宗教或慈善以及执行医院任务的船舶除外。

D正确。交战国对其境内的敌国公民可实行各种限制，如进行敌侨登记，强制集中居住等。但就战争许可范围内，应尽可能地减免对敌国公民人身、财产和尊荣上的限制和强制。

---

[1] D　[2] BC

第一章　国际私法概述

国际私法主体——自然人

1. 张某居住在深圳，2008年3月被深圳某公司劳务派遣到马来西亚工作，2010年6月回深圳，转而受雇于香港某公司，其间每周一到周五在香港上班，周五晚上回深圳与家人团聚。2012年1月，张某离职到北京治病，2013年6月回深圳，现居该地。依《涉外民事关系法律适用法》（不考虑该法生效日期的因素）和司法解释，关于张某经常居所地的认定，下列哪一表述是正确的？（2013－1－37，单）〔1〕

    A. 2010年5月，在马来西亚　　　　　B. 2011年12月，在香港
    C. 2013年4月，在北京　　　　　　　D. 2008年3月至今，一直在深圳

【考点】自然人的居所

【解析】D正确。依据《最高人民法院关于适用〈中华人民共和国涉外民事关系法律适用法〉若干问题的解释（一）》（以下简称《关于适用〈涉外民事关系法律适用法〉若干问题的解释（一）》）第13条规定："自然人在涉外民事关系产生或者变更、终止时已经连续居住一年以上且作为其生活中心的地方，人民法院可以认定为涉外民事关系法律适用法规定的自然人的经常居所地，但就医、劳务派遣、公务等情形除外。"张某在2008年在马来西亚以及2010年在香港均属于劳务派遣，而2012年在北京属于就医的情形，故均不属于经常居所地，只有深圳才是经常居所地。

2. 约翰具有甲乙两国的国籍，定居中国上海，约翰和中国公民王某在上海发生侵权纠纷，向中国法院起诉，根据中国相关法律规定，以下选项正确的是？（2020－回忆版，多）〔2〕

    A. 我国否认双重国籍制度，因此本案不予受理
    B. 两人之间的侵权关系只能适用中国法
    C. 侵权关系中两人协议甲国法，法院应予适用
    D. 在法院认定约翰国籍时，应该适用最密切联系原则

【考点】自然人国籍冲突法律适用、侵权关系法律适用

【解析】《涉外民事关系法律适用法》第19条就解决国籍积极冲突规定："依照本法适用

---

〔1〕D　〔2〕CD

国籍国法律，自然人具有两个以上国籍的，适用有经常居所的国籍国法律；在所有国籍国均无经常居所的，适用与其有最密切联系的国籍国法律。"A错误。D正确。

《涉外民事关系法律适用法》第44条规定："侵权行为发生后，当事人协议选择适用法律的，按照其协议。"B错误，C正确。

第二章　法律冲突、冲突规范和准据法

第一节　法律冲突

1. 《涉外民事关系法律适用法》规定：结婚条件，适用当事人共同经常居所地法律；没有共同经常居所地的，适用共同国籍国法律；没有共同国籍，在一方当事人经常居所地或者国籍国缔结婚姻的，适用婚姻缔结地法律。该规定属于下列哪一种冲突规范？（2011 - 1 - 38，单）[1]

    A. 单边冲突规范
    B. 重叠适用的冲突规范
    C. 无条件选择适用的冲突规范
    D. 有条件选择适用的冲突规范

【考点】国际民商事法律冲突的产生和特点、国际民商事法律冲突的解决方法（冲突法解决方法、实体法解决方法）

【解析】根据冲突规范对应适用的法律规定的不同，可将冲突规范划分为不同类型。

（1）单边冲突规范，即直接规定适用某国法律的冲突规范，既可以明确指出适用内国法，也可以直接规定适用外国法。单边冲突规范只规定了一个明确的连结点，适用内国法即不能再指向外国法，反之，则否。

（2）双边冲突规范，是指冲突规范的系属并不直接规定适用内国法还是外国法，而只是规定一个可推定的系属，再根据这个系属并结合民商事法律关系的具体情况去推定应适用某法律的冲突规范。双边冲突规范所指定的准据法可能是内国法，也可能是外国法，必须结合民商事法律关系的具体情况才能最终确定。

（3）重叠适用的冲突规范，是指系属具有两个或者两个以上，并且同时适用于某种民商事法律关系的冲突规范。重叠适用的冲突规范所规定的必须使用的两个准据法中，常常有一个是法院地法，之所以如此，无非是出于法院地的公共秩序不被破坏的考虑。

（4）选择适用的冲突规范，是指其系属具有两个或者两个以上，但只选择其中之一来调整民商事法律关系的冲突规范。选择适用的冲突规范分为两类，即无条件选择适用的冲突规范和有条件选择的冲突规范。前者的各系属提供的可供选择的法律具有同等价值，并无主次之分；后者的各系属提供的可供选择的法律具有主次轻重之分，只允许依次或者有条件的选择其一作为国际民商事法律关系的准据法。D正确。

---

[1]　D

第二节　冲突规范

2. 关于冲突规范和准据法，下列哪一判断是错误的？（2010-1-33，单）[1]

A. 冲突规范与实体规范相似

B. 当事人的属人法包括当事人的本国法和住所地法

C. 当事人的本国法指的是当事人国籍所属国的法律

D. 准据法是经冲突规范指引、能够具体确定国际民事法律关系当事人权利义务的实体法

【考点】冲突规范的类型（单边冲突规范、双边冲突规范、重叠适用的冲突规范、选择适用的冲突规范）

【解析】D正确。冲突规范，是一种法律适用规范或法律选择规范，其功能在于指明某种国际民商事法律关系应适用何种法律。准据法，是指经冲突规范指引具体确定民商事法律关系当事人权利与义务的特定的实体法律。

A错误，冲突规范与实体规范具有不同的功能。

B、C正确。系属公式，是冲突规范的系属部分，本身并不是冲突规范，常见的系属公式包括属人法、物之所在地法、行为地法、当事人合意选择的法律、法院地法、船旗国法、最密切联系地法。属人法，是以当事人的国籍、住所或惯常居所作为连接点的系属，包括本国法和住所地法。

第三节　准据法

3. 在某合同纠纷中，中国当事方与甲国当事方协议选择适用乙国法，并诉至中国法院。关于该合同纠纷，下列哪些选项是正确的？（2015-1-77，多）[2]

A. 当事人选择的乙国法，仅指该国的实体法，既不包括其冲突法，也不包括其程序法

B. 如乙国不同州实施不同的法律，人民法院应适用该国首都所在地的法律

C. 在庭审中，中国当事方以乙国与该纠纷无实际联系为由主张法律选择无效，人民法院不应支持

D. 当事人在一审法庭辩论即将结束时决定将选择的法律变更为甲国法，人民法院不应支持

【考点】准据法、意思自治

【解析】A正确，合同纠纷中当事人选择的准据法一定为实体法。

B错误，确定准据法的目标国家具有区际法律冲突时，应适用最密切联系原则确定准据法。

C正确，《关于适用〈涉外民事关系法律适用法〉若干问题的解释（一）》第5条规定："一方当事人以双方协议选择的法律与系争的涉外民事关系没有实际联系为由主张选择无效的，人民法院不予支持。"

D错误，《关于适用〈涉外民事关系法律适用法〉若干问题的解释（一）》第6条第1款规定："当事人在一审法庭辩论终结前协议选择或者变更选择适用的法律的，人民法院应予以准许。"一审法庭辩论即将结束时也属于一审法庭辩论终结前。

---

[1] A　[2] AC

第三章　适用冲突规范的制度

第一节　外国法的查明和解释

1. 根据《涉外民事关系法律适用法》和司法解释，关于外国法律的查明问题，下列哪一表述是正确的？（2013 - 1 - 36，单）[1]

A. 行政机关无查明外国法律的义务

B. 查明过程中，法院应当听取各方当事人对应当适用的外国法律的内容及其理解与适用的意见

C. 无法通过中外法律专家提供的方式获得外国法律的，法院应认定为不能查明

D. 不能查明的，应视为相关当事人的诉讼请求无法律依据

【考点】外国法律的查明

【解析】A、D 错误。《涉外民事关系法律适用法》第 10 条规定："涉外民事关系适用的外国法律，由人民法院、仲裁机构或者行政机关查明。当事人选择适用外国法律的，应当提供该国法律。不能查明外国法律或者该国法律没有规定的，适用中华人民共和国法律。"外国法查明的主体包括人民法院、仲裁机构、行政机关、当事人。当事人只对选择适用的外国法律负有查明义务。

《关于适用〈涉外民事关系法律适用法〉若干问题的解释（一）》第 15 条规定："人民法院通过由当事人提供、已对中华人民共和国生效的国际条约规定的途径、中外法律专家提供等合理途径仍不能获得外国法律的，可以认定为不能查明外国法律。根据涉外民事关系法律适用法第十条第一款的规定，当事人应当提供外国法律，其在人民法院指定的合理期限内无正当理由未提供该外国法律的，可以认定为不能查明外国法律。"

非当事人选择适用的外国法律查明必须在当事人途径、国际条约规定的途径、中外法律专家途径等方式都不能查明时，才可认定不能查明。

当事人选择适用的外国法律在法院指定期限内无正当理由未提供的，视为不能查明。C 错误。

《关于适用〈涉外民事关系法律适用法〉若干问题的解释（一）》第 16 条规定："人民法院应当听取各方当事人对应当适用的外国法律的内容及其理解与适用的意见，当事人对该外国法律的内容及其理解与适用均无异议的，人民法院可以予以确认；当事人有异议的，由人民法院审查认定。"B 正确。

---

[1]　B

2. 根据我国法律和司法解释，关于涉外民事关系适用的外国法律，下列说法正确的是：(2014-1-98，多)[1]

A. 不能查明外国法律，适用中国法律

B. 如果中国法有强制性规定，直接适用该强制性规定

C. 外国法律的适用将损害中方当事人利益的，适用中国法

D. 外国法包括该国法律适用法

【考点】 涉外民事关系中的强制性规定

【解析】 A正确。《涉外民事关系法律适用法》第10条规定："涉外民事关系适用的外国法律，由人民法院、仲裁机构或者行政机关查明。当事人选择适用外国法律的，应当提供该国法律。

不能查明外国法律或者该国法律没有规定的，适用中华人民共和国法律。"

B正确。《涉外民事关系法律适用法》第4条规定："中华人民共和国法律对涉外民事关系有强制性规定的，直接适用该强制性规定。"

C错误。《涉外民事关系法律适用法》第5条规定："外国法律的适用将损害中华人民共和国社会公共利益的，适用中华人民共和国法律。"必须是达到损害社会公共利益的程度才可以排除适用外国法律，而非损害中方当事人利益。

D错误。《涉外民事关系法律适用法》第9条规定："涉外民事关系适用的外国法律，不包括该国的法律适用法。"

3. 波兰甲公司和中国乙公司签订买卖合同，双方在合同中约定适用波兰法。后因纠纷中国乙公司在我国某法院向波兰甲公司提起诉讼。根据我国法律的规定，下列哪些选项是正确的？(2019-回忆版，多)[2]

A. 甲乙公司应查明并提供波兰法律

B. 如甲乙公司对波兰法律的理解存在异议，则应由法院审查认定

C. 甲乙公司可以在一审法庭辩论终结前协议变更为适用德国法

D. 如甲公司认为由波兰法院审理本案更为方便，我国法院可以在核实后裁定驳回起诉

【考点】 外国法的查明、不方便法院原则

【解析】 A正确。根据我国法律的规定，当事人选择适用外国法的，应当查明外国法的内容。本题中双方明确约定适用波兰法，所以应该由甲乙公司查明并提供。

B正确。根据我国法律的规定，法院应该听取双方当事人对外国法理解和适用的意见，当事人没有异议的，法院可以认定；当事人存在异议的，由法院审查认定。

C正确。根据我国法律的规定，当事人可以在一审法庭辩论终结前选择或变更选择适用的法律。

D错误。没有同时满足不方便法院原则的条件。

第二节 公共秩序保留

4. 中国甲公司与德国乙公司进行一项商事交易，约定适用英国法律。后双方发生争议，甲公司在中国法院提起诉讼。关于该案的法律适用问题，下列哪一选项是错误的？(2013-1-

---

[1] AB [2] ABC

35, 单)[1]

    A. 如案件涉及食品安全问题，该问题应适用中国法

    B. 如案件涉及外汇管制问题，该问题应适用中国法

    C. 应直接适用的法律限于民事性质的实体法

    D. 法院在确定应当直接适用的中国法律时，无需再通过冲突规范的指引

【考点】 直接适用的法

【解析】《涉外民事关系法律适用法》第4条规定："中华人民共和国法律对涉外民事关系有强制性规定的，直接适用该强制性规定。"

    《关于适用〈涉外民事关系法律适用法〉若干问题的解释（一）》第8条规定："有下列情形之一，涉及中华人民共和国社会公共利益、当事人不能通过约定排除适用、无需通过冲突规范指引而直接适用于涉外民事关系的法律、行政法规的规定，人民法院应当认定为涉外民事关系法律适用法第四条规定的强制性规定：

    （一）涉及劳动者权益保护的；

    （二）涉及食品或公共卫生安全的；

    （三）涉及环境安全的；

    （四）涉及外汇管制等金融安全的；

    （五）涉及反垄断、反倾销的；

    （六）应当认定为强制性规定的其他情形。"

    根据上述规定，在涉及劳动者权益保护、食品或公共卫生安全、环境安全、外汇管制、反倾销、反垄断等强制性规定的领域时，直接适用中国法，而题目中的商事交易不属于强制性规定的范畴，故不可以直接适用中国法。C错误。

    5. 沙特某公司在华招聘一名中国籍雇员张某。为规避中国法律关于劳动者权益保护的强制性规定，劳动合同约定排他性地适用菲律宾法。后因劳动合同产生纠纷，张某向中国法院提起诉讼。关于该劳动合同的法律适用，下列哪一选项是正确的？（2015 - 1 - 35，单）[2]

    A. 适用沙特法

    B. 因涉及劳动者权益保护，直接适用中国的强制性规定

    C. 在沙特法、中国法与菲律宾法中选择适用对张某最有利的法律

    D. 适用菲律宾法

【考点】 直接适用的法

【解析】《关于适用〈涉外民事关系法律适用法〉若干问题的解释（一）》第8条规定："有下列情形之一，涉及中华人民共和国社会公共利益、当事人不能通过约定排除适用、无需通过冲突规范指引而直接适用于涉外民事关系的法律、行政法规的规定，人民法院应该认定为涉外民事关系法律适用法第四条规定的强制性规定：

    （一）涉及劳动者权益保护的；

    （二）涉及食品或公共卫生安全的；

    （三）涉及环境安全的；

    （四）涉及外汇管制等金融安全的；

    （五）涉及反垄断、反倾销的；

    （六）应当认定为强制性规定的其他情形。"

---

[1] C [2] B

中国法律关于保护劳动者权益的强制性规定在我国具有直接适用的效力。B正确。

第三节　法律规避

6. 根据我国相关法律规定，关于合同法律适用问题上的法律规避，下列哪些选项是正确的？（2010-1-81，多）[1]

A. 当事人规避中国法律强制性规定的，应当驳回起诉

B. 当事人规避中国法律强制性规定的，不发生适用外国法律的效力

C. 如果当事人采用明示约定的方式，则其规避中国法律强制性规定的行为将为法院所认可

D. 当事人在合同关系中规避中国法律强制性规定的行为无效，该合同应适用中国法

【考点】 法律规避

【解析】 《关于适用〈涉外民事关系法律适用法〉若干问题的解释（一）》第9条："一方当事人故意制造涉外民事关系的连结点，规避中华人民共和国法律、行政法规的强制性规定的，人民法院应认定为不发生适用外国法律的效力。"

规避中国法律强制性规定的效力：诉讼继续进行，但应适用中国法律，排除当事人选择的法律。A、C错误，B、D正确。

第四节　反　致

7. 墨西哥人甲某在我国法院涉诉，根据我国法律的规定该纠纷应该适用墨西哥法律，但根据墨西哥法律的规定则应该适用我国法律。根据我国《涉外民事关系法律适用法》的规定，下列说法正确的是？（2019-回忆版，单）[2]

A. 本案应适用墨西哥的实体法

B. 本案应依最密切联系原则选择实体法

C. 本案应适用我国实体法

D. 因中国法律和墨西哥法律规定冲突，法院应当驳回起诉

【考点】 反致

【解析】 "反致"，是指对某一案件，法院按照自己的冲突规范本应适用外国法或外域法，而该外国法或外域法的冲突规范却指定此种法律关系应适用法院地法，结果该法院适用了法院地法。

根据我国法律规定，根据冲突规范适用外国法时，不包括法律适用法。也就是说冲突规范指向的外国法律仅指外国的实体法，是不包括外国冲突规范的。A正确。

8. 中国甲公司与英国乙公司因合同纠纷诉至中国某人民法院，根据我国涉外民事诉讼相关规则和实践，下列哪项判断是正确的？（2020-回忆版，单）[3]

A. 如合同约定适用欧盟商事条款，该法律选择条款无效

B. 如合同约定适用英国法，人民法院应依英国对反致的态度，决定是否适用英国的国际

---

[1]　BD　[2]　A　[3]　C

私法规则

C. 人民法院审理本案，不受民事诉讼法关于审理时限的限制

D. 如合同规定适用英国法，人民法院应依英国国际私法规则，确定合同应适用哪一国实体法

【考点】意思自治、反致

【解析】《涉外民事关系法律适用法》第9条规定："涉外民事关系适用的外国法律，不包括该国的法律适用法。"可见，我国司法实践中不接受反致，当我国法院受理涉外民商事案件时，根据我国冲突规范应适用某一外国法时，应直接适用该外国的相关实体法。B、D错误。

合同法律适用中，意思自治优先，当事人可以合意选择法律。A错误，C正确。

9. 中英两公司签订买卖合同，合同约定适用英国法，由北京仲裁委仲裁，仲裁地是英国，现诉到中国法院。按照我国相关法律规定，以下选项正确的是？（2020－回忆版，单）[1]

A. 因为合同约定适用英国法，所以应用英国法确定仲裁效力

B. 如果适用中国法无效，适用英国法有效，则应认定仲裁协议有效

C. 用英国法发现需要适用其他国法，应从其规定

D. 如果英国法规定适用中国法应适用反致

【考点】认定国际商事仲裁协议效力的法律适用、反致

【解析】《涉外民事关系法律适用法》第18条规定："当事人可以协议选择仲裁协议适用的法律。当事人没有选择的，使用仲裁机构所在地法律或者仲裁地法律。"同时，《最高人民法院关于审理仲裁司法审查案件若干问题的规定》第13条规定："当事人协议选择确认涉外仲裁协议效力适用的法律，应当作出明确的意思表示，仅约定合同适用的法律，不能作为确认合同中仲裁条款效力适用的法律。"中英两公司的约定仅构成对买卖合同中适用法律的约定，不能作为确认合同中仲裁条款效力适用的法律，不能适用英国法确定合同中仲裁条款效力。A错误。

《最高人民法院关于审理仲裁司法审查案件若干问题的规定》第14条规定："人民法院根据《中华人民共和国涉外民事关系法律适用法》第十八条的规定，确定确认涉外仲裁协议效力适用的法律时，当事人没有选择适用的法律，适用仲裁机构所在地的法律与适用仲裁地的法律将对仲裁协议的效力作出不同认定的，人民法院应当适用确认仲裁协议有效的法律。"B正确。

《涉外民事关系法律适用法》第9条规定："涉外民事关系适用的外国法律，不包括该国的法律适用法。"C错误。

当我国法院受理涉外民商事案件时，根据我国冲突规范应适用某一外国法时，应直接适用该外国的相关实体法。D错误。

---

[1] B

第四章　国际民商事关系的法律适用

第一节　民事主体

1. 德国甲公司与中国乙公司在中国共同设立了某合资有限责任公司，后甲公司以确认其在合资公司的股东权利为由向中国某法院提起诉讼。关于本案的法律适用，下列哪一选项是正确的？（2014-1-35，单）[1]

A. 因合资公司登记地在中国，故应适用中国法

B. 因侵权行为地在中国，故应适用中国法

C. 因争议与中国的联系更密切，故应适用中国法

D. 当事人可协议选择纠纷应适用的法律

【考点】法人的民事权利能力

【解析】《涉外民事关系法律适用法》第14条规定："法人及其分支机构的民事权利能力、民事行为能力、组织机构、股东权利义务等事项，适用登记地法律。

法人的主营业地与登记地不一致的，可以适用主营业地法律。法人的经常居所地，为其主营业地。"在此，涉及合资公司的股东权利纠纷，适用公司登记地即中国的法律。A正确。

2. 韩国公民金某在新加坡注册成立一家公司，主营业地设在香港地区。依中国法律规定，下列哪些选项是正确的？（2016-1-77，多）[2]

A. 该公司为新加坡籍

B. 该公司拥有韩国与新加坡双重国籍

C. 该公司的股东权利义务适用中国内地法

D. 该公司的民事权利能力与行为能力可适用香港地区法或新加坡法

【考点】法人的国籍、法人的民事权利能力、法人的民事行为能力

【解析】A正确，B错误。《公司法》第2条规定："本法所称公司是指依照本法在中国境内设立的有限责任公司和股份有限公司。"《公司法》第191条规定："本法所称外国公司是指依照外国法律在中国境外设立的公司。"由此可知，我国目前采用设立地说来确定法人国籍。本题中该公司在新加坡依照新加坡法律注册成立，因此依中国法律应为新加坡籍。

C错误，D正确。《涉外民事法律关系适用法》第14条规定："法人及其分支机构的民事权利能力、民事行为能力、组织机构、股东权利义务等事项，适用登记地法律。

法人的主营业地与登记地不一致的，可以适用主营业地法律。法人的经常居所地，为其主

---

[1]　A　[2]　AD

营业地。"在此，该公司登记地为新加坡，主营业地为香港，登记地与主营业地不一致，故其股东权利义务、民事权利能力与民事行为能力可以适用新加坡法律，也可适用香港地区法律。

3. 沃林公司在甲国登记注册，其主要办事机构也在甲国。后沃林公司被乙国福特公司全资收购，其办事机构随之迁往乙国。后因经营不善，乙国福特公司又被中国启迪公司全资收购，但考虑到业务需要，沃林公司的主要办事机构仍在乙国。关于沃林公司的国籍，下列哪项判断是正确的？（2020 - 回忆版，单）〔1〕

　　A. 因沃林公司在甲国登记注册，其国籍始终是甲国

　　B. 因沃林公司的主要办事机构在乙国，其国籍应为乙国

　　C. 因沃林公司已被中国启迪公司收购，故其国籍应为中国

　　D. 沃林公司的国籍应由收购协议约定

【考点】法人的国籍

【解析】法人的国籍根据我国相关法律规定，指的是法人的登记地。《关于适用〈涉外民事关系法律适用法〉若干问题的解释（一）》第14条规定："人民法院应当将法人的设立登记地认定为涉外民事关系法律适用法规定的法人的登记地。"A正确，B、C、D错误。

4. 甲国公民琼斯的经常居住地在乙国，其在中国居留期间，因合同纠纷在中国法院参与民事诉讼。关于琼斯的民事能力的法律适用，下列哪一选项是正确的？（2012 - 1 - 35，单）〔2〕

　　A. 民事权利能力适用甲国法

　　B. 民事权利能力适用中国法

　　C. 民事行为能力应重叠适用甲国法和中国法

　　D. 依照乙国法琼斯为无民事行为能力，依照中国法为有民事行为能力的，其民事行为能力适用中国法

【考点】自然人的民事权利能力

【解析】《涉外民事关系法律适用法》第11条规定："自然人的民事权利能力，适用经常居所地法律。"琼斯的经常居住地在乙国，其民事权利能力适用乙国法，A、B错误。

《涉外民事关系法律适用法》第12条规定："自然人的民事行为能力，适用经常居所地法律。

自然人从事民事活动，依照经常居所地法律为无民事行为能力，依照行为地法律为有民事行为能力的，适用行为地法律，但涉及婚姻家庭、继承的除外。"此为自然人民事行为能力适用经常居所地法的商事例外。D正确。

5. 经常居所同在上海的越南公民阮某与中国公民李某结伴乘新加坡籍客轮从新加坡到印度游玩。客轮在公海遇风暴沉没，两人失踪。现两人亲属在上海某法院起诉，请求宣告两人失踪。依中国法律规定，下列哪一选项是正确的？（2016 - 1 - 35，单）〔3〕

　　A. 宣告两人失踪，均应适用中国法

　　B. 宣告阮某失踪，可适用中国法或越南法

　　C. 宣告李某失踪，可适用中国法或新加坡法

　　D. 宣告阮某与李某失踪，应分别适用越南法与中国法

【考点】宣告失踪和宣告死亡的法律适用

【解析】A正确，B、C、D错误。《涉外民事关系法律适用法》第13条规定："宣告失踪

_____

〔1〕 A 〔2〕 D 〔3〕 A

或者宣告死亡，适用自然人经常居住地法律。"在此题中，二人经常居住地均为中国，故均适用中国法。

6. 新加坡公民王颖与顺捷国际信托公司在北京签订协议，将其在中国的财产交由该公司管理，并指定受益人为其幼子李力。在管理信托财产的过程中，王颖与顺捷公司发生纠纷，并诉至某人民法院。关于该信托纠纷的法律适用，下列哪些选项是正确的？（2017－1－77，多）[1]

A. 双方可协议选择适用瑞士法

B. 双方可协议选择适用新加坡法

C. 如双方未选择法律，法院应适用中国法

D. 如双方未选择法律，法院应在中国法与新加坡法中选择适用有利于保护李力利益的法律

【考点】信托的法律适用

【解析】《涉外民事法律关系适用法》第17条："当事人可以协议选择信托适用的法律。当事人没有选择的，适用信托财产所在地法律或者信托关系发生地法律。"A、B正确。

本案财产所在地和信托关系发生地均在中国，因此，如双方未选择法律，应适用中国法，C正确，D错误。

第二节　物　权

7. 2014年1月，北京居民李某的一件珍贵首饰在家中失窃后被窃贼带至甲国。同年2月，甲国居民陈某在当地珠宝市场购得该首饰。2015年1月，在获悉陈某将该首饰带回北京拍卖的消息后，李某在北京某法院提起原物返还之诉。关于该首饰所有权的法律适用，下列哪一选项是正确的？（2015－1－36，单）[2]

A. 应适用中国法

B. 应适用甲国法

C. 如李某与陈某选择适用甲国法，不应支持

D. 如李某与陈某无法就法律选择达成一致，应适用甲国法

【考点】动产物权的法律适用

【解析】《涉外民事关系法律适用法》第37条规定："当事人可以协议选择动产物权适用的法律。当事人没有选择的，适用法律事实发生时动产所在地法律。"D正确。

8. 经常居所在天津的德国公民托马斯家中失窃一幅名画，该画后被中国公民李某在韩国艺术品市场购得，得知李某将画带回中国并委托拍卖公司在天津拍卖，现托马斯欲通过诉讼主张对该画作的所有权，关于本案的法律适用，以下说法正确的是：（2018－回忆版，单）[3]

A. 托马斯的诉讼行为能力应适用德国法来判断

B. 该案件的准据法应当在与案件有实际联系的德国法、中国法以及韩国法中进行选择

C. 当双方当事人不能就准据法的选择达成一致时应适用韩国法的法律规定

D. 当双方当事人不能就准据法的选择达成一致时应适用法院地法中国法的规定

【考点】动产物权的法律适用

---

[1]　ABC　[2]　D　[3]　C

【解析】 自然人的诉讼行为能力原则上适用经常居所地法判断，托马斯的经常居所地在天津，应当适用中国法进行判断。A 错误。

针对动产物权的法律适用，意思自治原则优先，双方没有达成一致的情况下，适用法律事实发生时物之所在地法。本案中，被告为李明，获得该画事实发生于韩国艺术品市场，故而该案件的准据法应当适用韩国法，而非适用与案件有实际联系的中国法、德国法或者法院地法。B、D 错误，C 正确。

9. 甲国马戏团带着动物明星小狗来中国演出，因管理人员看管不利，小狗逃脱被中国公民王某捕获，王某将小狗卖给甲国公民琳达。现甲国马戏团在中国某法院起诉，要求琳达归还小狗。根据我国《涉外民事关系法律适用法》，我国法院应如何认定本案动产物权的法律适用？（2020 - 回忆版，单）〔1〕

  A. 若当事人双方选择乙国法，应当适用乙国法
  B. 适用双方共同国籍国法甲国法
  C. 因为小狗购买、演出和逃脱均发生在中国，所以只能适用中国法
  D. 本案当事人可以在甲国法和乙国法中选择适用

【考点】 动产物权法律适用

【解析】《涉外民事关系法律适用法》第 37 条规定：“当事人可以协议选择动产物权适用的法律。当事人没有选择的，适用法律事实发生时动产所在地法律。”本题中琳达获取小狗的法律事实发生在中国，故如果双方当事人没有选择法律时，应适用中国法。A 正确，B、C、D 错误。

10. 荷兰甲公司将一批货物卖给中国乙公司，买卖合同订立时，该批货物载于由荷兰鹿特丹开往大连的韩国籍“靖远”号远洋货船上。乙公司就该批货物的所有权纠纷诉至某法院，关于变更所有权，根据我国法律规定，以下选项中正确的是哪项？（2021 - 回忆版，单）〔2〕

  A. 应适用中国法或者荷兰法
  B. 若双方协议约定适用瑞士法，应从其约定
  C. 若双方没有约定，适用韩国法
  D. 可以在中国法或者荷兰法中择一适用

【考点】 中国关于运输中的动产物权法律适用的规定

【解析】 A 错误。《涉外民事关系法律适用法》第 38 条规定：“当事人可以协议选择运输中动产物权发生变更适用的法律。当事人没有选择的，适用运输目的地法律。”

B 正确。根据第 38 条规定，当事人选择的法律，应予适用。而且法条中没有限制意思自治的范围。

C 错误。如双方没有约定选择法律，根据第 38 条规定，应适用运输目的地法律。根据题意，运输目的地为中国大连，运输目的地法应为中国法，并非韩国法。

D 错误。不符合第 38 条法律选择规定。

第三节 债 权

11. 根据我国有关法律规定，关于涉外民事关系的法律适用，下列哪些领域采用当事人意

---

〔1〕 **A** 〔2〕 B

思自治原则？（2011-1-77，多）[1]

　　A. 合同　　　　　　　　　　　　　　B. 侵权

　　C. 不动产物权　　　　　　　　　　　D. 诉讼离婚

【考点】意思自治原则

【解析】意思自治原则是指允许当事人通过协商一致的意思表示自由选择其所适用的法律。涉外民事关系法律适用中，可以适用意思自治原则的领域包括委托代理、信托、仲裁协议、合同、侵权、动产物权、夫妻财产关系、协议离婚、知识产权的转让和许可、知识产权的侵权责任（可以协议适用法院地法，如未约定的适用被请求保护地法律）。

　　《涉外民事关系法律适用法》第41条规定："当事人可以协议选择合同适用的法律。当事人没有选择的，适用履行义务最能体现该合同特征的一方当事人经常居所地法律或者其他与该合同有最密切联系的法律。"第44条规定："侵权责任，适用侵权行为地法律，但当事人有共同经常居所地的，适用共同经常居所地法律。侵权行为发生后，当事人协议选择适用法律的，按照其协议。"A、B正确。

　　《涉外民事关系法律适用法》第36条规定："不动产物权，适用不动产所在地法律。"C错误。

　　《涉外民事关系法律适用法》第27条规定："诉讼离婚，适用法院地法律。"D错误。

12. 中国甲公司与英国乙公司签订一份商事合同，约定合同纠纷适用英国法。合同纠纷发生4年后，乙公司将甲公司诉至某人民法院。英国关于合同纠纷的诉讼时效为6年。关于本案的法律适用，下列哪些选项是正确的？（2017-1-79，多）[2]

　　A. 本案的诉讼时效应适用中国法

　　B. 本案的实体问题应适用英国法

　　C. 本案的诉讼时效与实体问题均应适用英国法

　　D. 本案的诉讼时效应适用中国法，实体问题应适用英国法

【考点】诉讼时效、合同的法律适用

【解析】《涉外民事关系法律适用法》第7条："诉讼时效，适用相关涉外民事关系应当适用的法律。"可知诉讼时效的法律适用与实体法律关系一致，本案实体法律关系为合同关系，法律适用以意思自治优先，故双方在合同中约定适用英国法有效，本案实体问题和诉讼时效均应适用英国法，A、D错误，B、C正确。

13. 在涉外民事关系中，依《涉外民事关系法律适用法》和司法解释，关于当事人意思自治原则，下列表述中正确的是：（2013-1-98，不定项）[3]

　　A. 当事人选择的法律应与所争议的民事关系有实际联系

　　B. 当事人仅可在具有合同性质的涉外民事关系中选择法律

　　C. 在一审法庭辩论终结前，当事人有权协议选择或变更选择适用的法律

　　D. 各方当事人援引相同国家的法律且未提出法律适用异议的，法院可以认定当事人已经就涉外民事关系适用的法律作出了选择

【考点】实际联系原则

【解析】A错误。《关于适用〈涉外民事关系法律适用法〉若干问题的解释（一）》第5条规定："一方当事人以双方协议选择的法律与系争的涉外民事关系没有实际联系为由主张选择无效的，人民法院不予支持。"

---

[1] AB　[2] BC　[3] CD

B 错误，当事人除了债权关系中可以协议选择适用的法律外，在侵权行为关系、代理关系、夫妻财产关系、协议离婚、知识产权等方面当事人都可以协议选择适用的法律。

《关于适用〈涉外民事关系法律适用法〉若干问题的解释（一）》第 6 条第 1 款规定："当事人在一审法庭辩论终结前协议选择或者变更选择适用的法律的，人民法院应予准许。

各方当事人援引相同国家的法律且未提出法律适用异议的，人民法院可以认定当事人已经就涉外民事关系适用的法律做出了选择。"C、D 正确。

14. 中国甲公司与巴西乙公司因合同争议在中国法院提起诉讼。关于该案的法律适用，下列哪些选项是正确的？（2014 - 1 - 77，多）[1]

A. 双方可协议选择合同争议适用的法律
B. 双方应在一审开庭前通过协商一致，选择合同争议适用的法律
C. 因法院地在中国，本案的时效问题应适用中国法
D. 如案件涉及中国环境安全问题，该问题应适用中国法

【考点】最密切联系原则

【解析】A 正确。《涉外民事关系法律适用法》第 41 条规定："当事人可以协议选择合同适用的法律。当事人没有选择的，适用履行义务最能体现该合同特征的一方当事人经常居所地法律或者其他与该合同有最密切联系的法律。"

B 错误。《关于适用〈涉外民事关系法律适用法〉若干问题的解释（一）》第 6 条第 1 款规定："当事人在一审法庭辩论终结前协议选择或变更选择适用的法律的，人民法院应予准许。"故选择的时间点应当是在一审法庭辩论终结前，而非一审开庭前。

C 错误。《涉外民事关系法律适用法》第 7 条规定："诉讼时效，适用相关涉外民事关系应当适用的法律。"在此不适用法院地法。

D 正确。《关于适用〈涉外民事关系法律适用法〉若干问题的解释（一）》第 8 条规定："有下列情形之一，涉及中华人民共和国社会公共利益、当事人不能通过约定排除适用、无需通过冲突规范指引而直接适用于涉外民事关系的法律、行政法规的规定，人民法院应当认定为涉外民事关系法律适用法第四条规定的强制性规定：

（一）涉及劳动者权益保护的；
（二）涉及食品或公共卫生安全的；
（三）涉及环境安全的；
（四）涉及外汇管制等金融安全的；
（五）涉及反垄断、反倾销的；
（六）应当认定为强制性规定的其他情形。"

在此，环境安全属于中国法律对涉外民事关系有强制性规定，直接适用中国法。

15. 中英两国公司因合同纠纷，诉至中国法院，合同中双方约定准据法为英国法，根据中国的法律规定，下列选项正确的是哪些？（2021 - 回忆版，多）[2]

A. 英国法律不统一故应适用英格兰法
B. 双方在第一次开庭辩论时可约定诉讼时效适用中国法
C. 双方在第一次开庭辩论时约定适用英格兰法，法院应予支持
D. 关于诉讼时效规定应适用英国法

【考点】诉讼时效法律适用的规定；意思自治的规定；区际法律冲突

---

〔1〕 AD 〔2〕 CD

【解析】A错误。《涉外民事关系法律适用法》第6条规定："涉外民事关系适用外国法律，该国不同区域实施不同法律的，适用与该涉外民事关系有最密切联系区域的法律。"

B错误。根据《涉外民事关系法律适用法》第7条规定："诉讼时效，适用相关涉外民事关系应当适用的法律。"时效的法律适用不是以当事人选择适用的。

C正确。根据《涉外民事关系法律适用法 司法解释（一）》，选择法律的时间，应在一审法庭辩论终结前。

D正确。符合法律规定。本合同准据法当事人约定为英国法，时效和准据法一致，也应当适用英国法。

16. 甲国公民大卫被乙国某公司雇佣，该公司主营业地在丙国，大卫工作内容为巡回于东亚地区进行产品售后服务，后双方因劳动合同纠纷诉诸中国某法院。关于该纠纷应适用的法律，下列哪一选项是正确的？（2014－1－38，单）〔1〕

A. 中国法 　　　　　　　　　　B. 甲国法

C. 乙国法 　　　　　　　　　　D. 丙国法

【考点】劳动合同的法律适用

【解析】《涉外民事关系法律适用法》第43条规定："劳动合同，适用劳动者工作地法律；难以确定劳动者工作地的，适用用人单位主营业地法律。劳务派遣，可以适用劳务派出地法律。"在此，大卫的工作地为东亚地区巡回工作，难以确定具体地点，适用用人单位主营业地即丙国法。D正确。

17. 主营业地在广州的法国某公司雇用了一个韩国人金某，金某的工作内容为巡回于东亚从事产品售后服务工作。后金某提出辞职，公司不允许并向广州起诉了金某。关于本案的法律适用，下列说法哪一项是正确的？（2018－回忆版，单）〔2〕

A. 如果金某是韩国来中国的留学生，则公安机关应对法国公司进行罚款处理

B. 关于该劳动合同的纠纷双方可以在一审庭审辩论终结前协商一致选择韩国法为准据法

C. 该劳动合同纠纷应该适用法国法

D. 对于该案件我国法院无管辖权，应裁定驳回法国公司的起诉

【考点】劳动合同的法律适用

【解析】《出境入境管理法》第41条规定："外国人在中国境内工作，应当按照规定取得工作许可和工作类居留证件。任何单位和个人不得聘用未取得工作许可和工作类居留证件的外国人。"此外，为了规范外国留学生在中国实习和勤工助学的行为，2013年9月1日起施行的《外国人入境出境管理条例》第22条规定："持学习类居留证件的外国人需要在校外勤工助学或者实习的，应当经所在学校同意后，向公安机关出入境管理机构申请居留证件加注勤工助学或者实习地点、期限等信息。持学习类居留证件的外国人所持居留证件未加注前款规定信息的，不得在校外勤工助学或者实习。"金某是韩国的留学生，只能在校外从事勤工助学或者实习，不能正式入职工作，法国公司雇佣金某巡回于东亚从事产品售后服务工作违反了该条例的规定，公安机关应对法国公司罚款。A正确。

《涉外民事关系法律适用法》第43条规定："劳动合同，适用劳动者工作地法律；难以确定劳动者工作地的，适用用人单位主营业地法律。劳务派遣，可以适用劳务派出地法律。"该条首先禁止了劳动合同中意思自治原则的适用，其次明确了两点：（1）劳动合同原则上适用劳动者工作地法律；（2）该原则存在两个例外，其一是劳动者工作地难以确定的，适用用人

---

〔1〕　D　〔2〕　A

单位主营业地法，其二是劳务派遣合同还可以适用劳务派出地法。金某与法国公司的劳动合同属于劳动聘用合同，金某工作内容为巡回于东亚从事产品售后服务工作，其工作地无法确定的情况下适用用人单位主营业地法，法国公司的主营业地在广州，应当适用中国法，该条法律规定限制了当事人的意思自治。B 错误。

C 错误。该劳动合同纠纷应当适用中国法。

《民事诉讼法》第 23 条规定："因合同纠纷提起的诉讼，由被告住所地或者合同履行地人民法院管辖。"第 265 条规定："因合同纠纷或者其他财产权益纠纷，对在中华人民共和国领域内没有住所的被告提起的诉讼，如果合同在中华人民共和国领域内签订或者履行，或者诉讼标的物在中华人民共和国领域内，或者被告在中华人民共和国领域内有可供扣押的财产，或者被告在中华人民共和国领域内设有代表机构，可以由合同签订地、合同履行地、诉讼标的物所在地、可供扣押财产所在地、侵权行为地或者代表机构住所地人民法院管辖。"本案属于劳动合同纠纷，被告在中国领域内没有住所，可以适用特殊管辖，原告的主营业地在中国广州，合同在中国签订，我国法院具有管辖权。D 错误。

18. 法国人皮埃尔与主营业地在深圳的公司签订劳动合同，并根据劳动合同被派往尼日利亚分公司工作。随后，因皮埃尔被深圳公司开除而诉至深圳某法院。关于本案，法院应适用哪个国家的法律？（2019 - 回忆版，单）[1]

A. 适用法国法、中国法或尼日利亚法中有利于皮埃尔的法律

B. 适用法国法，因为皮埃尔是法国人

C. 适用中国法，因为深圳公司的主营业地在中国

D. 适用尼日利亚法，因为皮埃尔的工作地在尼日利亚

【考点】劳动合同的法律适用

【解析】劳动合同适用劳动者工作地法律；难以确定工作地的，适用用人单位主营业地法律；劳务派遣，可以适用劳务派出地法律。D 正确。

19. 中国人张某在韩国首尔出差时在金达公司购买了一箱"野生高丽参"，回国后经鉴定该高丽参系人工养殖，遂引发纠纷。经查，金达公司在中国既无住所，也未从事过相关经营活动，但在大连有可供扣押的房产。根据我国相关的法律规定，下列说法正确的是哪些？（2021 - 回忆版，多）[2]

A. 本纠纷应在韩国法和中国法中适用对张某有利的法律

B. 如张某在大连起诉，我国法院有管辖权

C. 本纠纷应适用韩国法

D. 如张某在大连起诉，我国法院能否管辖取决于金达公司的意思表示

【考点】消费者合同

【解析】A 错误。消费者合同，适用消费者经常居所地法律；消费者选择适用商品、服务提供地法律或者经营者在消费者经常居所地没有从事相关经营活动的，适用商品、服务提供地法律。并没有有利于某一方的要求。

B 正确。因合同纠纷或者其他财产权益纠纷，对在中华人民共和国领域内没有住所的被告提起的诉讼，如果合同在中华人民共和国领域内签订或者履行，或者诉讼标的物在中华人民共和国领域内，或者被告在中华人民共和国领域内有可供扣押的财产，或者被告在中华人民共和国领域内设有代表机构，可以由合同签订地、合同履行地、诉讼标的物所在地、可供扣押财产

---

[1] D　[2] BC

所在地、侵权行为地或者代表机构住所地人民法院管辖。

C正确。经营者在消费者经常居所地没有从事相关经营活动的，适用商品、服务提供地法律。

D错误。法院管辖权的确定，依据《民事诉讼法》确定。

20. 甲国人特里长期居于乙国，丙国人王某长期居于中国，两人在北京经营相互竞争的同种产品。特里不时在互联网上发布不利于王某的消息，王某在中国法院起诉特里侵犯其名誉权、肖像权和姓名权。关于该案的法律适用，根据我国相关法律规定，下列哪些选项是错误的？（2011-1-78，多）[1]

A. 名誉权的内容应适用中国法律，因为权利人的经常居住地在中国

B. 肖像权的侵害适用甲国法律，因为侵权人是甲国人

C. 姓名权的侵害适用乙国法律，因为侵权人的经常居所地在乙国

D. 网络侵权应当适用丙国法律，因为被侵权人是丙国人

【考点】侵权责任的法律适用

【解析】《涉外民事关系法律适用法》第46条规定："通过网络或者采用其他方式侵害姓名权、肖像权、名誉权、隐私权等人格权的，适用被侵权人经常居所地法律。"本题应适用被侵权人王某的经常居所地法律即中国法。A正确，B、C、D。

21. 经常居所在广州的西班牙公民贝克，在服务器位于西班牙的某网络论坛上发帖诽谤经常居所在新加坡的中国公民王某。现王某将贝克诉至广州某法院，要求其承担侵害名誉权的责任。关于该纠纷的法律适用，下列哪一选项是正确的？（2017-1-35，单）[2]

A. 侵权人是西班牙公民，应适用西班牙法

B. 被侵权人的经常居所在新加坡，应适用新加坡法

C. 被侵权人是中国公民，应适用中国法

D. 论坛服务器在西班牙，应适用西班牙法

【考点】侵权责任的法律适用

【解析】《涉外民事关系法律适用法》第46条规定："通过网络或者采用其他方式侵害姓名权、肖像权、名誉权、隐私权等人格权的，适用被侵权人经常居所地法律。"通过网络方式侵犯名誉权，应适用被侵权人王某经常居所地新加坡的法律。B正确，A、C、D错误。

22. 德国人甲某的狗被中国人乙某打死，甲某一怒之下将乙某的隐私在网络上进行传播。后甲某在南京某法院起诉乙某，乙某则提起反诉。经查明，甲某的经常居所地在新加坡，乙某的经常居所地在新加坡。根据我国法律的规定，下列说法正确的是？（2019-回忆版，单）[3]

A. 甲某和乙某的诉求均可协议选择所适用的法律

B. 甲某和乙某的诉求均应适用中国法

C. 甲某诉乙某侵权应适用德国法

D. 乙某反诉甲某侵权应适用新加坡法

【考点】侵权之债法律适用

【解析】本案涉及两个诉讼，一是德国人甲某诉中国人乙某打死他的狗，属于一般侵权；一是乙某反诉甲某在网上公开其隐私，属于网络侵犯人格权。

对于甲某的诉求，根据《涉外民事关系法律适用法》第44条规定，侵权责任，适用侵权行为地法律，但当事人有共同经常居所地的，适用共同经常居所地法律。侵权行为发生后，当事人协议选择适用法律的，按照其协议。可见，应该首先适用双方协议选择的法律，而非直接

适用德国法或中国法。B、C错误。

对于乙某的诉求，根据《涉外民事关系法律适用法》第46条规定，通过网络或者采用其他方式侵害姓名权、肖像权、名誉权、隐私权等人格权的，适用被侵权人经常居所地法律。可见，应适用乙某的经常居住地，即新加坡法律。而且，这里不允许双方协议选择法律。A错误，D正确。

23. 甲国游客杰克于2015年6月在北京旅游时因过失导致北京居民孙某受重伤。现孙某在北京以杰克为被告提起侵权之诉。关于该侵权纠纷的法律适用，下列哪一选项是正确的？(2015－1－37，单)[1]

A. 因侵权行为发生在中国，应直接适用中国法

B. 如当事人在开庭前协议选择适用乙国法，应予支持，但当事人应向法院提供乙国法的内容

C. 因本案仅与中国、甲国有实际联系，当事人只能在中国法与甲国法中进行选择

D. 应在中国法与甲国法中选择适用更有利于孙某的法律

【考点】 侵权之债法律适用、意思自治原则

【解析】《涉外民事关系法律适用法》第44条规定："侵权责任，适用侵权行为地法律，但当事人有共同经常居所地的，适用共同经常居所地法律。侵权行为发生后，当事人协议选择适用法律的，按照其协议。"本案属于人身侵权纠纷，法律适用的第一顺序是尊重当事双方的意思自治，第二顺序是当事人双方共同经常居所地，第三顺序是侵权行为发生地。因此本案首先应适用当事人选择的法律，当事人没有选择适用中国法。A、D错误。

《关于适用〈涉外民事关系法律适用法〉若干问题的解释（一）》第5条规定："一方当事人以双方协议选择的法律与系争的涉外民事关系没有实际联系为由主张选择无效的，人民法院不予支持。"可见法律适用的意思自治可以突破实际联系原则的限制。C错误。

24. 英国公民苏珊来华短期旅游，因疏忽多付房费1000元，苏珊要求旅店返还遭拒后，将其诉至中国某法院。关于该纠纷的法律适用，下列哪一选项是正确的？(2016－1－36，单)[2]

A. 因与苏珊发生争议的旅店位于中国，因此只能适用中国法

B. 当事人可协议选择适用瑞士法

C. 应适用中国法和英国法

D. 应在英国法与中国法中选择适用对苏珊有利的法律

【考点】 不当得利的法律适用

【解析】《涉外民事关系法律适用法》第47条规定："不当得利，无因管理，适用当事人协议选择适用的法律。当事人没有选择的，适用当事人共同经常居所地法律；没有共同经常居所地的，适用不当得利、无因管理发生地法律。"故A正确，B、C、D错误。

本题为不当得利之诉，首先适用当事人协议的法律。B正确。

若无协议，则适用共同经常居所地法律，但本案当事人双方的经常居所地分别为英国和中国，没有共同经常居所地。

若无共同经常居所地，则适用不当得利发生地法律，本题中不当得利发生地在中国，故在双方无共同意思自治的情况下，应适用中国法。A、C、D错误。

25. 中国人甲某在韩国旅游期间发病，在韩国出差的日本人乙某将甲某送入医院并垫付了医药费。乙某向上海某法院起诉甲某，要求其偿还垫付的医疗费用。经查明，双方均定居在上

海且未对所适用的法律进行选择。根据我国法律的规定，本案应适用哪国法律？（2019－回忆版，单）[1]

　　A. 中国法　　　　　B. 日本法　　　　　C. 韩国法　　　　　D. 最密切联系地法

【考点】无因管理的法律适用

【解析】《涉外民事关系法律适用法》第47条规定："不当得利，无因管理，适用当事人协议选择适用的法律。当事人没有选择的，适用当事人共同经常居所地法律；没有共同经常居所地的，适用不当得利、无因管理发生地法律。"故A正确，B、C、D错误。

　　26. 经常居住地在法国巴黎的贝尔特到广州进行公务活动，其间外出旅行数日，其猫跳入隔壁邻居李某家，李某细心喂养。后贝尔特归来，李某归还其猫并要求贝尔特支付喂养费用，贝尔特拒绝。后李某将贝尔特诉至人民法院。关于本案的法律适用，下列选项正确的是哪些？（2021－回忆版，多）[2]

　　A. 如果她们两个未选择法律，应在中国法和法国法中选择其一适用

　　B. 如果二人选择，可以协议选择适用德国法

　　C. 如双方没有协议选择法律，应适用中国法

　　D. 应适用中国法或法国法

【考点】无因管理的法律适用

【解析】《涉外民事关系法律适用法》第47条规定："不当得利、无因管理，适用当事人协议选择适用的法律。当事人没有选择的，适用当事人共同经常居所地法律；没有共同经常居所地的，适用不当得利、无因管理发生地法律。"

　　选项A错误。玛丽和李某如果没有选择法律，应适用他们的共同经常居所地法律。《关于适用〈涉外民事关系法律适用法〉若干问题的解释（一）》第13条规定："自然人在涉外民事关系产生或者变更、终止时已经连续居住一年以上且作为其生活中心的地方，人民法院可以认定为涉外民事关系法律适用法规定的自然人的经常居所地，但就医、劳务派遣、公务等情形除外。"本题中玛丽的公务行为没有改变她的经常居所地，所以玛丽的经常居所地是法国。本题中玛丽经常居所地在法国，李某经常居所地在中国，双方没有共同经常居所地。那么顺次选择，没有共同经常居所地的，适用无因管理发生地，本题中发生地在中国，应适用中国法。

　　B正确。《涉外民事关系法律适用法》第41条规定："当事人可以协议选择合同适用的法律。"没有特殊规定情况下，并没有对法律选择的范围作出限定。因此双方可以选择德国法。

　　C正确。符合法条规定。事实发生地为中国。

　　D错误。不符合法条规定。

第四节　商事关系

　　27. 在中国法院审理的某票据纠纷中，与该票据相关的法律行为发生在中国，该票据付款人为甲国某州居民里斯。关于里斯行为能力的法律适用，根据我国相关法律规定，下列哪一判断是正确的？（2010－1－38，单）[3]

　　A. 应适用与该票据纠纷有密切联系的法律

　　B. 应适用里斯住所地的法律

---

[1]　A　[2]　BC　[3]　C

C. 如依据中国法里斯具有完全行为能力，则应认定其具有完全行为能力

D. 如关于里斯行为能力的准据法无法查明，则应驳回起诉

【考点】票据关系的法律适用

【解析】《票据法》第96条规定："票据债务人的民事行为能力，适用其本国法律。

票据债务人的民事行为能力，依照其本国法律为无民事行为能力或者为限制民事行为能力而依照行为地法律为完全民事行为能力的，适用行为地法律。"C正确。

28. 中国公民李某在柏林签发一张转账支票给德国甲公司用于支付货款，付款人为中国乙银行北京分行；甲公司在柏林将支票背书转让给中国丙公司，丙公司在北京向乙银行请求付款时被拒。关于该支票的法律适用，依中国法律规定，下列哪一选项是正确的？（2017－1－36，单）[1]

A. 如李某依中国法为限制民事行为能力人，依德国法为完全民事行为能力人，应适用德国法

B. 甲公司对该支票的背书行为，应适用中国法

C. 丙公司向甲公司行使票据追索权的期限，应适用中国法

D. 如丙公司不慎将该支票丢失，其请求保全票据权利的程序，应适用德国法

【考点】票据关系的法律适用

【解析】《票据法》第96条规定："票据债务人的民事行为能力，适用其本国法律。

票据债务人的民事行为能力，依照其本国法律为无民事行为能力或者为限制民事行为能力而依照行为地法律为完全民事行为能力的，适用行为地法律。"本案李某为中国公民，票据签发地在德国，应适用德国法。A正确。

《票据法》第98条规定："票据的背书、承兑、付款和保证行为，适用行为地法律。"票据的行为的准据法是行为地法律，甲公司背书行为地是德国，应适用德国法。B错误。

《票据法》第99条规定："票据追索权的行使期限，适用出票地法律。"丙公司向甲公司行使票据追索权的期限应适用出票地法律德国法。C错误。

《票据法》第101条规定："票据丧失时，失票人请求保全票据权利的程序，适用付款地法律。"丙公司请求保全票据权利的程序，应适用付款地法律中国法。D错误。

29. 甲国公司与乙国航运公司订立海上运输合同，由丙国籍船舶"德洋"号运输一批货物，有关"德洋"号的争议现在中国法院审理。根据我国相关法律规定，下列哪一选项是正确的？（2010－1－35，单）[2]

A. 该海上运输合同应适用船旗国法律

B. 有关"德洋"号抵押权的受偿顺序应适用法院地法律

C. 有关"德洋"号船舶优先权的争议应适用丙国法律

D. 除法律另有规定外，甲国公司与乙国航运公司可选择适用于海上运输合同的法律

【考点】海事关系的法律适用

【解析】《海商法》第269条规定："合同当事人可以选择合同适用的法律，法律另有规定的除外。合同当事人没有选择的，适用与合同有最密切联系的国家的法律。"

A错误，D正确。该海上运输合同可以由当事人自由选择法律的适用，没有选择的，适用最密切联系原则。

依据我国法律，适用船旗国法的情形：

(1)《海商法》第270条规定："船舶所有权的取得、转让和消灭，适用船旗国法律。"

---

[1] A 〔2〕 D

（2）第271条规定："船舶抵押权适用船旗国法律。

船舶在光船租赁以前或者光船租赁期间，设立船舶抵押权的，适用原船舶登记国的法律。"

（3）第273条规定："船舶碰撞的损害赔偿，适用侵权行为地法律。

船舶在公海上发生碰撞的损害赔偿，适用受理案件的法院所在地法律。

同一国籍的船舶，不论碰撞发生于何地，碰撞船舶之间的损害赔偿适用船旗国法律。"B错误，应适用丙国法律。

适用法院地法的情形：

（1）《海商法》第272条规定："船舶优先权，适用受理案件的法院所在地法律。"

（2）船舶在公海上发生碰撞的损害赔偿。

（3）第275条规定："海事赔偿责任限制，适用受理案件的法院所在地法律。"C错误，应适用中国法律。

30. 中国甲公司将其旗下的东方号货轮光船租赁给韩国乙公司，为便于使用，东方号的登记国由中国变更为巴拿马。现东方号与另一艘巴拿马籍货轮在某海域相撞，并被诉至中国某海事法院。关于本案的法律适用，下列哪一选项是正确的？（2017-1-37，单）[1]

A. 两船碰撞的损害赔偿应适用中国法

B. 如两船在公海碰撞，损害赔偿应适用《联合国海洋法公约》

C. 如两船在中国领海碰撞，损害赔偿应适用中国法

D. 如经乙公司同意，甲公司在租赁期间将东方号抵押给韩国丙公司，该抵押权应适用中国法

【考点】海事关系的法律适用、船舶物权的法律适用

【解析】《海商法》第273条规定："船舶碰撞的损害赔偿，适用侵权行为地法律。

船舶在公海上发生碰撞的损害赔偿，适用受理案件的法院所在地法律。

同一国籍的船舶，不论碰撞发生于何地，碰撞船舶之间的损害赔偿适用船旗国法律。"本案两船均为巴拿马籍船舶，不论碰撞发生于何地，均应适用巴拿马法。A、B、C错误。

《海商法》第271条规定："船舶抵押权适用船旗国法律。

船舶在光船租赁以前或者光船租赁期间，设立船舶抵押权的，适用原船舶登记国的法律。"题干中强调东方号货轮为光船租赁，设立抵押权应适用原船舶登记国法律——中国法。D正确。

31. 甲国某航空公司在中国设有代表处，其一架飞机从中国境内出发，经停甲国后前往乙国，在乙国发生空难。关于乘客向航空公司索赔的诉讼管辖和法律适用，根据中国相关法律，下列哪些表述是正确的？（2013-1-78，多）[2]

A. 中国法院对该纠纷具有管辖权

B. 中国法律并不限制乙国法院对该纠纷行使管辖

C. 即使甲国法院受理了该纠纷，中国法院仍有权就同一诉讼行使管辖权

D. 如中国法院受理该纠纷，应适用受害人本国法确定损害赔偿数额

【考点】专属管辖——航空事故损害赔偿

【解析】《民事诉讼法》第28条规定："因铁路、公路、水上、航空运输和联合运输合同纠纷提起的诉讼，由运输始发地、目的地或者被告住所地人民法院管辖。"

《民事诉讼法》第30条规定："因铁路、公路、水上和航空事故请求损害赔偿提起的诉讼，由事故发生地或者车辆、船舶最先到达地、航空器最先降落地或者被告住所地人民法院管

---

[1] D [2] ABC

辖。"A、B 正确。对于该诉讼，事故发生地乙国、航空器最先降落地、被告住所地甲国、中国都具有管辖权。

C 正确。《最高人民法院关于适用〈中华人民共和国民事诉讼法〉的解释》第 533 条第 1 款规定："中华人民共和国法院和外国法院都有管辖权的案件，一方当事人向外国法院起诉，而另一方当事人向中华人民共和国法院起诉的，人民法院可予受理。判决后，外国法院申请或者当事人请求人民法院承认和执行外国法院对本案作出的判决、裁定的，不予准许；但双方共同缔结或者参加的国际条约另有规定的除外。"

D 错误。《涉外民事关系法律适用法》第 44 条规定："侵权责任，适用侵权行为地法律，但当事人有共同经常居所地的，适用共同经常居所地法律。侵权行为发生后，当事人协议选择适用法律的，按照其协议。"侵权案件，应首先适用侵权行为地法，即乙国法。

第五节　婚姻与家庭

32. 甲国公民玛丽与中国公民王某经常居住地均在中国，2 人在乙国结婚。关于双方婚姻关系的法律适用，下列哪些选项是正确的？（2012 – 1 – 77，多）[1]
    A. 结婚手续只能适用中国法
    B. 结婚手续符合甲国法、中国法和乙国法中的任何一个，即为有效
    C. 结婚条件应适用乙国法
    D. 结婚条件应适用中国法
    【考点】婚姻关系的法律适用
    【解析】A 错误，B 正确。根据《涉外民事关系法律适用法》第 22 条，结婚手续法律适用可以是婚姻缔结地、一方当事人经常居所地或一方的国籍国法律。因此甲乙结婚手续除了可以适用中国法外，也可以适用甲国法、乙国法。

    C 错误，D 正确。《涉外民事关系法律适用法》第 21 条规定："结婚条件，适用当事人共同经常居所地法律；没有共同经常居所地的，适用共同国籍国法律；没有共同国籍，在一方当事人经常居所地或者国籍国缔结婚姻的，适用婚姻缔结地法律。"结婚条件法律适用，首先看双方有没有共同的经常居所地；其次，没有共同的经常居所地的，则适用共同国籍法；最后，如果无前述情形，则适用婚姻缔结地法律。甲乙在中国都有经常居所地，结婚条件应适用中国法。

33. 中国人李某（女）与甲国人金某（男）2011 年在乙国依照乙国法律登记结婚，婚后二人定居在北京。依《涉外民事关系法律适用法》，关于其夫妻关系的法律适用，下列哪些表述是正确的？（2013 – 1 – 77，多）[2]
    A. 婚后李某是否应改从其丈夫姓氏的问题，适用甲国法
    B. 双方是否应当同居的问题，适用中国法
    C. 婚姻对他们婚前财产的效力问题，适用乙国法
    D. 婚姻存续期间双方取得的财产的处分问题，双方可选择适用甲国法
    【考点】婚姻关系的法律适用
    【解析】《涉外民事关系法律适用法》第 23 条规定："夫妻人身关系，适用共同经常居所

---

[1]　BD　[2]　BD

地法律；没有共同经常居所地的，适用共同国籍国法律。"姓氏、同居问题属于人身权，应适用共同经常居所地法律，李某与金某的共同经常居所地为北京，故应适用中国法。A错误，B正确。

《涉外民事关系法律适用法》第24条规定："夫妻财产关系，当事人可以协议选择适用一方当事人经常居所地法律、国籍国法律或者主要财产所在地法律。当事人没有选择的，适用共同经常居所地法律；没有共同经常居所地的，适用共同国籍国法律。"夫妻财产问题，当事人可以协议选择适用的法律，没有选择的，适用共同居所地法律或共同国籍法。C错误，D正确。

34. 韩国公民金某与德国公民汉森自2013年1月起一直居住于上海，并于该年6月在上海结婚。2015年8月，二人欲在上海解除婚姻关系。关于二人财产关系与离婚的法律适用，下列哪些选项是正确的？（2015-1-78，多）[1]

A. 二人可约定其财产关系适用韩国法

B. 如诉讼离婚，应适用中国法

C. 如协议离婚，二人没有选择法律的，应适用中国法

D. 如协议离婚，二人可以在中国法、韩国法及德国法中进行选择

【考点】夫妻关系法律适用、离婚法律适用

【解析】A正确。《涉外民事关系法律适用法》第24条规定："夫妻财产关系，当事人可以协议选择适用一方当事人经常居所地法律、国籍国法律或者主要财产所在地法律。当事人没有选择的，适用共同经常居所地法律；没有共同经常居所地的，适用共同国籍国法律。"夫妻财产关系法律适用的第一顺序允许有限制的意思自治，本案韩国属于一方当事人的国籍国，该选择有效。

B正确。《涉外民事关系法律适用法》第27条规定："诉讼离婚，适用法院地法律。"本案诉讼地在中国。

C、D正确。《涉外民事关系法律适用法》第26条规定："协议离婚，当事人可以协议选择适用一方当事人经常居所地法律或者国籍国法律。当事人没有选择的，适用共同经常居所地法律；没有共同经常居所地的，适用共同国籍国法律；没有共同国籍的，适用办理离婚手续机构所在地法律。"可见，协议离婚法律适用的第一顺序是有限制的意思自治，本案韩国和德国分别是双方当事人的国籍国，中国为双方的共同经常居所地，因此争议双方可以在中国法、韩国法及德国法中选择法律；若无意思自治，则应适用第二顺序的共同经常居所的法，故本案为中国法。

35. 经常居所在汉堡的德国公民贝克与经常居所在上海的中国公民李某打算在中国结婚。关于贝克与李某结婚，依《涉外民事关系法律适用法》，下列哪一选项是正确的？（2016-1-37，单）[2]

A. 两人的婚龄适用中国法   B. 结婚的手续适用中国法

C. 结婚的所有事项均适用中国法   D. 结婚的条件同时适用中国法与德国法

【考点】婚姻关系的法律适用

【解析】A正确，D错误。《涉外民事关系法律适用法》第21条规定："结婚条件，适用当事人共同经常居所地法律；没有共同经常居所地的，适用共同国籍国法律；没有共同国籍，在一方当事人经常居所地或者国籍国缔结婚姻的，适用婚姻缔结地法律。"在此题中，由于贝

---

[1] ABCD   [2] A

克和李某没有共同经常居所地，也没有共同国籍，又在李某的经常居所地/国籍国——中国缔结婚姻，故结婚条件应适用婚姻缔结地法律即中国法。婚龄属于结婚条件之一，适用中国法。

B错误。《涉外民事关系法律适用法》第22条规定："结婚手续，符合婚姻缔结地法律、一方当事人经常居所地法律或者国籍国法律的，均为有效。"在此题中，婚姻一方李某的经常居所地、国籍国均为中国，婚姻缔结地也在中国，故结婚手续可以适用中国法。

C错误。结婚手续也可以适用婚姻一方贝克的经常居所地或国籍国法律，即德国法。并不必然要求适用中国法。

36. 中国公民王某将甲国公民米勒诉至某人民法院，请求判决两人离婚、分割夫妻财产并将幼子的监护权判决给她。王某与米勒的经常居所及主要财产均在上海，其幼子为甲国籍。关于本案的法律适用，下列哪些选项是正确的？（2017-1-78，多）[1]

A. 离婚事项，应适用中国法
B. 夫妻财产的分割，王某与米勒可选择适用中国法或甲国法
C. 监护权事项，在甲国法与中国法中选择适用有利于保护幼子利益的法律
D. 夫妻财产的分割与监护权事项均应适用中国法

【考点】 诉讼离婚、夫妻财产关系、监护关系的法律适用

【解析】《涉外民事关系法律适用法》第27条规定："诉讼离婚，适用法院地法律。"A正确。

《涉外民事关系法律适用法》第24条规定："夫妻财产关系，当事人可以协议选择适用一方当事人经常居所地法律、国籍国法律或者主要财产所在地法律。当事人没有选择的，适用共同经常居所地法律；没有共同经常居所地的，适用共同国籍国法律。"B正确。

《涉外民事关系法律适用法》第30条规定："监护，适用一方当事人经常居所地法律或者国籍国法律中有利于保护被监护人权益的法律。"C正确。

由B、C可知，D错误。

37. 共同居住在上海的中国男子王某和新加坡男子杰克欲在中国登记结婚，遭到拒绝后到英国伦敦办理的婚姻登记。后两人因感情不和到中国法院诉讼离婚，并要求分割财产，关于该离婚案件，以下选项哪项是正确的？（2018-回忆版，单）[2]

A. 关于双方能否结婚应适用婚姻登记地英国的法律
B. 判断婚姻的效力应适用双方共同居所地中国的法律
C. 双方财产的分割应适用法院地中国的法律
D. 王某和杰克的行为构成国际私法上的法律规避行为

【考点】 婚姻关系、夫妻财产关系的法律适用、法律规避

【解析】《涉外民事关系法律适用法》第21条规定："结婚条件，适用当事人共同经常居所地法律；没有共同经常居所地的，适用共同国籍国法律；没有共同国籍，在一方当事人经常居所地或者国籍国缔结婚姻的，适用婚姻缔结地法律。"A错误，B正确。

《涉外民事关系法律适用法》第24条规定："夫妻财产关系，当事人可以协议选择适用一方当事人经常居所地法律、国籍国法律或者主要财产所在地法律。当事人没有选择的，适用共同经常居所地法律；没有共同经常居所地的，适用共同国籍国法律。"C错误。

《关于适用〈涉外民事关系法律适用法〉若干问题的解释（一）》第9条规定："一方当事人故意制造涉外民事关系的连结点，规避中华人民共和国法律、行政法规的强制性规定的，人

---

[1] ABC [2] B

民法院应认定为不发生适用外国法律的效力。"本题中当事人未规避强制性规定，D错误。

38. 埃及公民甲某和印度公民乙某的经常居住地和主要财产都在上海，现二人在上海某法院起诉离婚并要求分割财产，关于本案的法律适用，根据中国相关法律规定，下列选项正确的是哪项？（2021-回忆版，单）[1]

A. 如果二者在上海生下一子，其子出生时不具有中国国籍

B. 甲乙可就财产分割问题协议使用新加坡法

C. 诉讼离婚和夫妻财产分割事项均应适用中国法

D. 只要该诉讼尚未终结前，甲乙二人均不可离境

【考点】诉讼离婚、夫妻财产关系的法律适用，国籍、外国人出入境管理

【解析】A正确。根据《中华人民共和国国籍法》的规定，父母双方或一方为中国公民，本人出生在中国，具有中国国籍。父母双方或一方为中国公民，本人出生在外国，具有中国国籍；但父母双方或一方为中国公民并定居在外国，本人出生时即具有外国国籍的，不具有中国国籍。由此可判断，中国的出生取得国籍以血统主义原则为主。题中父母均为外国公民，其在中国生下一子并不当然具有中国国籍。

B错误。《涉外民事关系法律适用法》第24条规定："夫妻财产关系，当事人可以协议选择适用一方当事人经常居所地法律、国籍国法律或者主要财产所在地法律。当事人没有选择的，适用共同经常居所地法律；没有共同经常居所地的，适用共同国籍国法律。"本题所有连接点均未指向新加坡法律，因而当事人不能选择新加坡法。

C错误。《涉外民事关系法律适用法》第27条规定："诉讼离婚，适用法院地法律。"二人在上海离婚，如果是诉讼离婚，就应适用中国法。而C选项中表述财产分割应适用中国法表述错误，财产分割当事人可以协议选择适用一方当事人经常居所地法律、国籍国法律或者主要财产所在地法律，本案中可以选择埃及法律、印度法律、中国法律，并非应当适用中国法。

D错误。《出境入境管理法》第28条规定："外国人有下列情形之一的，不准出境：（一）被判处刑罚尚未执行完毕属于刑事案件被告人、犯罪嫌疑人的，但是按照中国与外国签订的有关协议，移管被判刑人的除外；（二）有未了结的民事案件，人民法院决定不准出境的；（三）拖欠劳动者的劳动报酬，经国务院有关部门或者省、自治区、直辖市人民政府决定不准出境的；（四）法律、行政法规规定不准出境的其他情形。"

其中，有未了结的民事案件，并非一概不准出境，而是人民法院决定不准出境的，方不准出境。

39. 某甲国公民经常居住地在甲国，在中国收养了长期居住于北京的中国儿童，并将其带回甲国生活。根据中国关于收养关系法律适用的规定，下列哪一选项是正确的？（2012-1-36，单）[2]

A. 收养的条件和手续应同时符合甲国法和中国法

B. 收养的条件和手续符合中国法即可

C. 收养效力纠纷诉至中国法院的，应适用中国法

D. 收养关系解除的纠纷诉至中国法院的，应适用甲国法

【考点】收养关系的法律适用

【解析】《涉外民事关系法律适用法》第28条规定："收养的条件和手续，适用收养人和被收养人经常居所地法律。收养的效力，适用收养时收养人经常居所地法律。收养关系的解

---

[1] A [2] A

除，适用收养时被收养人经常居所地法律或者法院地法律。"A 正确。

40. 经常居住于英国的法国籍夫妇甲和乙，想来华共同收养某儿童。对此，下列哪一说法是正确的？（2014 – 1 – 37，单）[1]

A. 甲、乙必须共同来华办理收养手续

B. 甲、乙应与送养人订立书面收养协议

C. 收养的条件应重叠适用中国法和法国法

D. 若发生收养效力纠纷，应适用中国法

【考点】收养关系的法律适用

【解析】B 正确，A 错误。《民法典》第 1109 条规定："外国人依法可以在中华人民共和国收养子女。外国人在中华人民共和国收养子女，应当经其所在国主管机关依照该国法律审查同意。收养人应当提供由其所在国有权机构出具的有关其年龄、婚姻、职业、财产、健康、有无受过刑事处罚等状况的证明材料，并与送养人签订书面协议，亲自向省、自治区、直辖市人民政府民政部门登记。前款规定的证明材料应当经收养人所在国外交机关或者外交机关授权的机构认证，并经中华人民共和国驻该国使领馆认证，但是国家另有规定的除外。"在此，没有强制要求收养人必须共同来华办理收养手续，但收养人应当与送养人订立书面收养协议。

C 错误。《涉外民事关系法律适用法》第 28 条规定："收养的条件和手续，适用收养人和被收养人经常居所地法律。收养的效力，适用收养时收养人经常居所地法律。收养关系的解除，适用收养时被收养人经常居所地法律或者法院地法律。"在此题中，收养条件适用经常居所地法即英国法。

D 错误。收养效力适用收养人经常居所地法律，即英国法。

41. 经常居住地在上海的德国夫妇去云南收养了一个孩子，后因收养纠纷于人民法院涉诉，根据中国相关法律规定，关于本案的法律适用，选项正确的是哪一项？（2021 – 回忆版，单）[2]

A. 收养的手续适应用中国法或德国法

B. 收养效力应适用德国法

C. 解除收养关系应适应中国法

D. 本案的所有法律关系应同时适用中国和德国法

【考点】收养的法律适用

【解析】《涉外民事关系法律适用法》第 28 条规定："收养的条件和手续，适用收养人和被收养人经常居所地法律。收养的效力，适用收养时收养人经常居所地法律。收养关系的解除，适用收养时被收养人经常居所地法律或者法院地法律。"

A 错误。收养人和被收养人经常居所地都是中国，因而收养的手续应适用中国法。

B 错误。收养的效力，适用收养时收养人经常居所地法律。德国夫妇经常居住地在上海，收养效力应适用中国法。

C 正确。收养关系的解除，适用收养时被收养人经常居所地法律或者法院地法律，本题中收养时收养人经常居所地是中国云南，法院地是中国。收养关系的解除应适用中国法。

D 错误。D 项把各种法律关系混为一谈，不符合法律规定。

第六节 继 承

42. 中国人李某定居甲国，后移居乙国，数年后死于癌症，未留遗嘱。李某在中国、乙国分别有住房和存款，李某养子和李某妻子的遗产之争在中国法院审理。关于该遗产继承案的法律适用，下列哪些选项是正确的？（2010 - 1 - 83，多）[1]

A. 李某动产的继承应适用甲国法

B. 李某动产的继承应适用乙国法

C. 李某动产的继承应适用中国法

D. 李某所购房屋的继承应适用房屋所在国的法律

【考点】法定继承的法律适用

【解析】《涉外民事关系法律适用法》第31条规定："法定继承，适用被继承人死亡时经常居所地法律，但不动产法定继承，适用不动产所在地法律。"

A、C错误，B正确。本题中，李某的动产即在乙国的存款应适用被继承人居所地法律，即乙国法，故李某动产应适用乙国法。

D正确。李某不动产即所购房屋为不动产，应适用不动产所在地法律，即中国法。

本题重点在于分清楚以下几个关键性概念：动产与不动产、定居地与最后居所地。

43. 经常居所在上海的瑞士公民怀特未留遗嘱死亡，怀特在上海银行存有100万元人民币，在苏黎世银行存有10万欧元，且在上海与巴黎各有一套房产。现其继承人因遗产分割纠纷诉至上海某法院。依中国法律规定，下列哪些选项是正确的？（2016 - 1 - 78，多）[2]

A. 100万元人民币存款应适用中国法

B. 10万欧元存款应适用中国法

C. 上海的房产应适用中国法

D. 巴黎的房产应适用法国法

【考点】法定继承的法律适用

【解析】《涉外民事法律关系适用法》第31条规定："法定继承，适用被继承人死亡时经常居所地法律，但不动产法定继承，适用不动产所在地法律。"

A、B正确。未留遗嘱的动产法定继承，适用被继承人死亡时经常居所地法律。怀特死亡时经常居所地为中国上海，因此适用中国法。

C、D正确。不动产法定继承，适用不动产所在地法律。即在上海的房产适用中国法，巴黎的房产适用法国法。

44. 经常居所地在苏州的甲国公民亨利通过悦音短视频留下遗嘱。亨利死后遗产继承纠纷诉至中国苏州某人民法院，根据中国的相关规定，以下选项正确的是？（2020 - 回忆版，单）[3]

A. 该遗嘱方式须符合中国法和甲国法，遗嘱才能成立

B. 如需适用甲国法解决本案纠纷，而双方当事人对甲国法内容有异议，人民法院应认定甲国法无法查明

C. 如亨利立遗嘱时，甲国已禁止本国人使用悦音公司的短视频产品，则该遗嘱无效

---

[1] BD [2] ABCD [3] D

D. 该遗嘱的效力应适用中国法或甲国法

【考点】遗嘱的法律适用、外国法的查明

【解析】《涉外民事关系法律适用法》第32条规定："遗嘱方式，符合遗嘱人立遗嘱时或者死亡时经常居所地法律、国籍国法律或者遗嘱行为地法律的，遗嘱均为成立。"A错误，C错误。B错误，此时法院审查认定。D正确。

第七节　知识产权

45. 德国甲公司与中国乙公司签订许可使用合同，授权乙公司在英国使用甲公司在英国获批的某项专利。后因相关纠纷诉诸中国法院。关于该案的法律适用，下列哪些选项是正确的？(2014 - 1 - 78，多)[1]

A. 关于本案的定性，应适用中国法

B. 关于专利权归属的争议，应适用德国法

C. 关于专利权内容的争议，应适用英国法

D. 关于专利权侵权的争议，双方可以协议选择法律，不能达成协议，应适用与纠纷有最密切联系的法律

【考点】知识产权的法律适用

【解析】A正确。《涉外民事关系法律适用法》第8条规定："涉外民事关系的定性，适用法院地法律。"

B错误，C正确。《涉外民事关系法律适用法》第48条规定："知识产权的归属和内容，适用被请求保护地法律。"故在此，应适用英国法。

D错误。《涉外民事关系法律适用法》第50条规定："知识产权的侵权责任，适用被请求保护地法律，当事人也可以在侵权行为发生后协议选择适用法院地法律。"

46. 韩国甲公司为其产品在中韩两国注册了商标。中国乙公司擅自使用该商标生产了大量仿冒产品并销售至中韩两国。现甲公司将乙公司诉至中国某法院，要求其承担商标侵权责任。关于乙公司在中韩两国侵权责任的法律适用，依中国法律规定，下列哪些选项是正确的？(2016 - 1 - 79，多)[2]

A. 双方可协议选择适用中国法

B. 均应适用中国法

C. 双方可协议选择适用韩国法

D. 如双方无法达成一致，则应分别适用中国法与韩国法

【考点】知识产权的法律适用

【解析】《涉外民事法律关系适用法》第50条规定："知识产权的侵权责任，适用被请求保护地法律，当事人也可以在侵权行为发生后协议选择适用法院地法律。"A正确，B、C错误。双方只能协议适用法院地法律。

D正确。若双方未能达成协议，应分别适用被请求保护地法律，本案中，中韩两国均有仿冒产品销售，在中国请求保护则适用中国法，在韩国请求保护则适用韩国法。

---

[1]　AC　[2]　AD

47. 日本甲公司与中国乙公司签订合同，授权中国乙公司在中国境内销售的手机上安装甲公司拥有专利权的某款 APP，双方约定该协议适用日本法。乙公司随后在销往越南的手机上也安装了该款 APP。甲公司发现上述情况后在我国法院起诉乙公司违约并侵犯了其在越南获得的专利，下列说法正确的是？(2019－回忆版，多)[1]

    A. 如乙公司的主营业地在中国，则违约和侵权纠纷都应该适用中国法

    B. 违约纠纷应适用日本法

    C. 双方可以在开庭前选择适用中国法

    D. 侵权纠纷应适用日本法

【考点】知识产权的法律适用

【解析】合同纠纷，可以选择所适用的法律，也可以在一审辩论终结前选择或变更选择。B 正确。

    知识产权侵权，也可以选择，但只能选择法院地法。没有选择的适用被请求保护地法，即权利授予地法，注意题目最后表述为"在越南取得的专利"，所以权利赋予地在越南。D 错误。

    选择的时间：一审辩论终结前，开庭更在辩论前。C 正确。

48. 挪威甲公司开发了一款计算机软件并根据我国法律享有相关权利。中国乙公司未经许可擅自使用了甲公司开发的软件。挪威甲公司向我国法院提起侵权之诉并明确表示不同意适用中国法。根据我国法律的规定，下列哪一说法是正确的？(2019－回忆版，单)[2]

    A. 适用挪威法，因为甲公司作为原告不同意适用中国法

    B. 适用中国法，因为法院地在中国

    C. 适用挪威法，因为软件开发地在挪威

    D. 适用中国法，因为中国为被请求保护地

【考点】知识产权的法律适用

【解析】《涉外民事法律关系适用法》第 50 条规定："知识产权的侵权责任，适用被请求保护地法律，当事人也可以在侵权行为发生后协议选择适用法院地法律。"D 正确，A、B、C 错误。

---

[1] BC　[2] D

第五章 国际民商事争议的解决

第一节 国际商事仲裁

1. 中国 A 公司与甲国 B 公司签订货物买卖合同，约定合同争议提交中国 C 仲裁委员会仲裁，仲裁地在中国，但对仲裁条款应适用的法律未作约定。后因货物质量问题双方发生纠纷，中国 A 公司依仲裁条款向 C 仲裁委提起仲裁，但 B 公司主张仲裁条款无效。根据我国相关法律规定，关于本案仲裁条款的效力审查问题，下列哪些判断是正确的？（2012 - 1 - 78，多）[1]

A. 对本案仲裁条款的效力，C 仲裁委无权认定，只有中国法院有权审查

B. 对本案仲裁条款的效力，如 A 公司请求 C 仲裁委作出决定，B 公司请求中国法院作出裁定的，由中国法院裁定

C. 对本案仲裁条款效力的审查，应适用中国法

D. 对本案仲裁条款效力的审查，应适用甲国法

【考点】仲裁协议效力的法律适用

【解析】《最高人民法院关于适用〈中华人民共和国仲裁法〉若干问题的解释》第 16 条规定："对涉外仲裁协议的效力审查，适用当事人约定的法律；当事人没有约定适用的法律但约定了仲裁地的，适用仲裁地法律；没有约定适用的法律也没有约定仲裁地或者仲裁地约定不明的，适用法院地法律。"本题中，对涉外仲裁条款的效力审查，应适用仲裁机构所在地法律，即中国法。C 正确。

《仲裁法》第 20 条规定："当事人对仲裁协议的效力有异议的，可以请求仲裁委员会作出决定或者请求人民法院作出裁定。一方请求仲裁委员会作出决定，另一方请求人民法院作出裁定的，由人民法院裁定。当事人对仲裁协议的效力有异议，应当在仲裁庭首次开庭前提出。"仲裁条款的效力认定机构可以是仲裁委员会，也可以是人民法院。A 错误。如果既向仲裁机构提出申请，又向法院提出申请的，由法院裁定。B 正确。

2. 中国甲公司与外国乙公司在合同中约定，合同争议提交中国国际经济贸易仲裁委员会仲裁，仲裁地在北京。双方未约定仲裁规则及仲裁协议适用的法律。对此，下列哪些选项是正确的？（2014 - 1 - 79，多）[2]

A. 如当事人对仲裁协议效力有争议，提请所选仲裁机构解决的，应在首次开庭前书面提出

---

[1] BC [2] ABC

B. 如当事人将仲裁协议效力的争议诉至中国法院，应适用中国法

C. 如仲裁协议有效，应适用中国国际经济贸易仲裁委员会的仲裁规则仲裁

D. 如仲裁协议有效，仲裁中申请人可申请更改仲裁请求，仲裁庭不能拒绝

【考点】 仲裁协议效力的法律适用、仲裁规则的适用

【解析】 A 正确。《中国国际经济贸易仲裁委员会仲裁规则》第 6 条第 4 项规定："当事人对仲裁协议及/或仲裁案件管辖权的异议，应当在仲裁庭首次开庭前书面提出；书面审理的案件，应当在第一次实体答辩前提出。"

B 正确。《涉外民事关系法律适用法》第 18 条规定："当事人可以协议选择仲裁协议适用的法律。当事人没有选择的，适用仲裁机构所在地法律或者仲裁地法律。"

C 正确。《中国国际经济贸易仲裁委员会仲裁规则》第 4 条第 2 项规定："当事人约定将争议提交仲裁委员会仲裁的，视为同意按照本规则进行仲裁。"

D 错误。《中国国际经济贸易仲裁委员会仲裁规则》第 17 条规定："申请人可以申请对其仲裁请求进行变更，被申请人也可以申请对其反请求进行变更；但是仲裁庭认为其提出变更的时间过迟而影响仲裁程序正常进行的，可以拒绝其变更请求。"

3. 法国某公司依 1958 年联合国《承认与执行外国仲裁裁决公约》，请求中国法院承认与执行一项国际商会国际仲裁院的裁决。依据该公约及中国相关司法解释，下列哪一表述是正确的？（2013 - 1 - 38，单）[1]

A. 法院应依职权主动审查该仲裁过程中是否存在仲裁程序与仲裁协议不符的情况

B. 该公约第 5 条规定的拒绝承认与执行外国仲裁裁决的理由是穷尽性的

C. 如该裁决内含有对仲裁协议范围以外事项的决定，法院应拒绝承认执行该裁决

D. 如该裁决所解决的争议属于侵权性质，法院应拒绝承认执行该裁决

【考点】 外国仲裁裁决承认与执行的条件、仲裁范围

【解析】 承认与执行外国仲裁裁决的条件：根据《承认与执行外国仲裁裁决公约》（以下简称《公约》）第 5 条第 1 款，凡外国仲裁裁决有下列情形之一的，被请求承认与执行的国家的主管机关可依被执行人的申请，拒绝承认与执行：（1）签订仲裁协议的当事人，根据对他们适用的法律，当时是处于某种无行为能力的情况下；或者根据仲裁协议所选定的准据法，或在未选定准据法时依据仲裁地法，该仲裁协议无效；（2）被执行人未接到关于指派仲裁员或关于仲裁程序的适当通知，或者由于其他情况未能在案件中进行申辩；（3）裁决所处理的事项不是当事人交付仲裁的事项，或者不包括在仲裁协议规定之内，或者超出了仲裁协议的范围；（4）仲裁庭的组成或仲裁程序与当事人之间的协议不符，或者当事人之间没有这种协议时，与仲裁地所在国法律不符；（5）裁决尚未发生法律效力，或者裁决已经由作出仲裁的国家或根据其法律作出裁决的国家的主管机关撤销或停止执行。《公约》第 5 条关于拒绝承认和执行外国裁决的情况属于穷尽列举的方式。B 正确。

根据《公约》第 5 条第 2 款，如果被请求承认与执行地国的主管机关依职权主动查明有下列情形之一的，也可以拒绝承认与执行：（1）依照执行地国法律，争议事项不可以用仲裁方式加以解决（如我国法律规定，婚姻、收养、监护、扶养、继承纠纷以及应当由行政机关处理的行政争议）；（2）承认与执行该裁决违反承认与执行地国的公共政策。

《民事诉讼法》第 281 条规定："对中华人民共和国涉外仲裁机构作出的裁决，被申请人提出证据证明仲裁裁决有下列情形之一的，经人民法院组成合议庭审查核实，裁定不予执行：

---

[1] B

（一）当事人在合同中没有订有仲裁条款或者事后没有达成书面仲裁协议的；

（二）被申请人没有得到指定仲裁员或者进行仲裁程序的通知，或者由于其他不属于被申请人负责的原因未能陈述意见的；

（三）仲裁庭的组成或者仲裁的程序与仲裁规则不符的；

（四）裁决的事项不属于仲裁协议的范围或者仲裁机构无权仲裁的。

人民法院认定执行该裁决违背社会公共利益的，裁定不予执行。"

《民诉法解释》第539条规定："人民法院强制执行涉外仲裁机构的仲裁裁决时，被执行人以有民事诉讼法第二百八十一条第一款规定的情形为由提出抗辩的，人民法院应当对被执行人的抗辩进行审查，并根据审查结果裁定执行或者不予执行。"

A错误。法院应当在被请求人申请下予以审查。

C错误。对于裁决所包含的仲裁协议范围以外的事项，法院可以拒绝承认与执行，但符合条件的部分不受影响。

D错误。依据我国仲裁法，该侵权案件不存在拒绝承认和执行的情况，故法院不可以拒绝承认和执行该裁决。

4. 2015年3月，甲国公民杰夫欲向中国法院申请承认并执行一项在甲国境内作出的仲裁裁决。中国与甲国均为《承认与执行外国仲裁裁决公约》成员国。关于该裁决的承认和执行，下列哪一选项是正确的？（2015 - 1 - 38，单）[1]

A. 杰夫应通过甲国法院向被执行人住所地或其财产所在地的中级人民法院申请

B. 如该裁决系临时仲裁庭作出的裁决，人民法院不应承认与执行

C. 如承认和执行申请被裁定驳回，杰夫可向人民法院起诉

D. 如杰夫仅申请承认而未同时申请执行该裁决，人民法院可以对是否执行一并作出裁定

【考点】外国仲裁裁决的承认和执行

【解析】外国仲裁裁决承认与执行的申请人仅为当事人。A错误。

《民诉法解释》第545条规定："对临时仲裁在中华人民共和国领域外作出的仲裁裁决，一方当事人向人民法院申请承认和执行的，人民法院应当依照民事诉讼法第二百八十三条规定处理。"可见对外国仲裁裁决的承认与执行范围已经扩大到临时仲裁庭作出的仲裁裁决。B错误。

外国仲裁裁决或外国法院判决的承认和执行申请若被裁定驳回，当事人均可向人民法院起诉。C正确。

2015年《民诉法解释》第546条第2款规定："当事人仅申请承认而未同时申请执行的，人民法院仅对应否承认进行审查并作出裁定。"D错误。

5. 中国甲公司与日本乙公司的商事纠纷在日本境内通过仲裁解决。因甲公司未履行裁决，乙公司向某人民法院申请承认与执行该裁决。中日均为《纽约公约》缔约国，关于该裁决在中国的承认与执行，下列哪一选项是正确的？（2017 - 1 - 38，单）[2]

A. 该人民法院应组成合议庭审查

B. 如该裁决是由临时仲裁庭作出的，该人民法院应拒绝承认与执行

C. 如该人民法院认为该裁决不符合《纽约公约》的规定，即可直接裁定拒绝承认和执行

D. 乙公司申请执行该裁决的期间应适用日本法的规定

【考点】外国仲裁裁决的承认与执行

---

[1] C [2] A

【解析】《民诉法解释》第546条第1款规定："承认和执行外国法院作出的发生法律效力的判决、裁定或者外国仲裁裁决的案件，人民法院应当组成合议庭进行审查。"A正确。

《民诉法解释》第543条规定："对临时仲裁庭在中华人民共和国领域外作出的仲裁裁决，一方当事人向人民法院申请承认和执行的，人民法院应当依照民事诉讼法第二百九十条规定处理。"可知法院对临时仲裁裁决应当一视同仁地依法审查而非直接拒绝承认与执行，B错误。

对外仲裁裁决人民法院决定不予承认和执行的，应在裁定拒绝承认和执行之前，报请本辖区所属高级人民法院审查，如果高级人民法院同意拒绝承认和执行，应将其审查意见报最高人民法院，待最高人民法院答复后方可裁定拒绝承认和执行，而非直接裁定，C错误。

司法协助的程序原则上应当依据被请求国的法律，本案被请求国是中国，所以申请承认执行该裁决的期间，应当适用中国法，D错误。

6. 德国彩虹公司与中国杭州的晓晨公司在杭州签署了一个投资合作协议，后在中国履行协议期间发生纠纷。关于该纠纷的法律适用，以下选项正确的有哪些？（2018-模拟题，多）[1]

　　A. 双方可以选择德国的法律作为该合同的准据法

　　B. 双方可以在合同中约定该合同纠纷由德国法院进行管辖

　　C. 双方可以约定该案件在瑞士的斯德哥尔摩仲裁院进行仲裁

　　D. 双方可以约定该案件在巴黎的国际商会仲裁院进行仲裁

【考点】 国际商事仲裁

【解析】《民法典》第467条第2款规定："在中华人民共和国境内履行的中外合资经营企业合同、中外合作经营企业合同、中外合作勘探开发自然资源合同，适用中华人民共和国法律。"该条属于单边冲突规范，德国彩虹公司与杭州的晓晨公司之间的投资合作协议的性质属于中外合资经营企业合同，同时该协议在国内履行，符合该条款的适用条件，故双方无权选择法律适用法，应以中国法律作为该合同纠纷的准据法。A错误。

《民事诉讼法》第273条规定："因在中华人民共和国履行中外合资经营企业合同、中外合作经营企业合同、中外合作勘探开发自然资源合同发生纠纷提起的诉讼，由中华人民共和国人民法院管辖。"该条属于专属管辖，合同双方当事人无权通过书面协议的方式约定纠纷的管辖法院，该纠纷应当由中国法院管辖。B错误。

《仲裁法》第16条规定："仲裁协议包括合同中订立的仲裁条款和以其他书面方式在纠纷发生前或者纠纷发生后达成的请求仲裁的协议。仲裁协议应当具有下列内容：（一）请求仲裁的意思表示；（二）仲裁事项；（三）选定的仲裁委员会。"协议双方当事人可以基于意思自治原则选择仲裁法院。C、D正确。

第二节　国际民事诉讼

7. 某外国公民阮某因合同纠纷在中国法院起诉中国公民张某。关于该民事诉讼，下列哪一选项是正确的？（2012-1-38，单）[2]

　　A. 阮某可以委托本国律师以非律师身份担任诉讼代理人

　　B. 受阮某委托，某该国驻华使馆官员可以以个人名义担任诉讼代理人，并在诉讼中享有

---

[1]　CD　[2]　A

外交特权和豁免权

C. 阮某和张某可用明示方式选择与争议有实际联系的地点的法院管辖

D. 中国法院和外国法院对该案都有管辖权的，如张某向外国法院起诉，阮某向中国法院起诉，中国法院不能受理

【考点】 外国人的诉讼代理人、意思自治原则

【解析】 A 正确。《民事诉讼法》第 270 条规定："外国人、无国籍人、外国企业和组织在人民法院起诉、应诉，需要委托律师代理诉讼的，必须委托中华人民共和国的律师。"《民诉法解释》第 526 条规定："涉外民事诉讼中的外籍当事人，可以委托本国人为诉讼代理人，也可以委托本国律师以非律师身份担任诉讼代理人……。"

B 错误。《民诉法解释》第 526 条规定："……外国驻华使领馆官员，受本国公民的委托，可以以个人名义担任诉讼代理人，但在诉讼中不享有外交或者领事特权和豁免。"

C 错误。《民事诉讼法》第 35 条规定："合同或者其他财产权益纠纷的当事人可以书面协议选择被告住所地、合同履行地、合同签订地、原告住所地、标的物所在地等与争议有实际联系的地点的人民法院管辖，但不得违反本法对级别管辖和专属管辖的规定。"《民诉法解释》第 529 条第 1 款规定："涉外合同或者其他财产权益纠纷的当事人，可以书面协议选择被告住所地、合同履行地、合同签订地、原告住所地、标的物所在地、侵权行为地等与争议有实际联系地点的外国法院管辖。"协议管辖要求当事人以书面方式而不是明示方式选择法院管辖。

D 错误。《民诉法解释》第 533 条第 1 款规定："中华人民共和国法院和外国法院都有管辖权的案件，一方当事人向外国法院起诉，而另一方当事人向中华人民共和国法院起诉的，人民法院可予受理。判决后，外国法院申请或者当事人请求人民法院承认和执行外国法院对本案作出的判决、裁定的，不予准许；但双方共同缔结或者参加的国际条约另有规定的除外。"

8. 英国人施密特因合同纠纷在中国法院涉诉。关于该民事诉讼，下列哪一选项是正确的？（2015 – 1 – 39，单）[1]

A. 施密特可以向人民法院提交英文书面材料，无需提供中文翻译件

B. 施密特可以委托任意一位英国出庭律师以公民代理的形式代理诉讼

C. 如施密特不在中国境内，英国驻华大使馆可以授权本馆官员为施密特聘请中国律师代理诉讼

D. 如经调解双方当事人达成协议，人民法院已制发调解书，但施密特要求发给判决书，应予拒绝

【考点】 外国当事人的民事诉讼地位

【解析】 A 错误。《民诉法解释》第 525 条第 1 款规定："当事人向人民法院提交的书面材料是外文的，应当同时向人民法院提交中文翻译件。"

B 错误。外国人有权委托其本国律师以非律师身份担任诉讼代理人，但仍然受到《民事诉讼法》第 61 条关于委托诉讼代理人的限制，故"任意"错误。

D 错误。《民诉法解释》第 528 条规定："涉外民事诉讼中，经调解双方达成协议，应当制发调解书。当事人要求发给判决书的，可以依照协议的内容制作判决书送达当事人。"

9. 俄罗斯公民萨沙来华与中国公民韩某签订一份设备买卖合同。后因履约纠纷韩某将萨沙诉至中国某法院。经查，萨沙在中国境内没有可供扣押的财产，亦无居所；该套设备位于中国境内。关于本案的管辖权与法律适用，依中国法律规定，下列哪一选项是正确的？（2016 –

1-38，单)[1]

A. 中国法院没有管辖权

B. 韩某可在该套设备所在地或合同签订地法院起诉

C. 韩某只能在其住所地法院起诉

D. 萨沙与韩某只能选择适用中国法或俄罗斯法

【考点】国际民事案件管辖权、涉外民商事合同的法律适用

【解析】《民事诉讼法》第24条规定："因合同纠纷提起的诉讼，由被告住所地或者合同履行地人民法院管辖。"

《民事诉讼法》第35条规定："合同或者其他财产权益纠纷的当事人可以书面协议选择被告住所地、合同履行地、合同签订地、原告住所地、标的物所在地等与争议有实际联系的地点的人民法院管辖，但不得违反本法对级别管辖和专属管辖的规定。"

《民事诉讼法》第272条规定："因合同纠纷或者其他财产权益纠纷，对在中华人民共和国领域内没有住所的被告提起的诉讼，如果合同在中华人民共和国领域内签订或者履行，或者诉讼标的物在中华人民共和国领域内，或者被告在中华人民共和国领域内有可供扣押的财产，或者被告在中华人民共和国领域内设有代表机构，可以由合同签订地、合同履行地、诉讼标的物所在地、可供扣押财产所在地、侵权行为地或者代表机构住所地人民法院管辖。"

B正确，A错误。对于涉外合同纠纷的管辖，只要在我国境内能找到有联系的点，该有联系点所在地人民法院均可行使管辖。本题中，合同签订地、合同履行地、诉讼标的物所在地均在中国，中国法院有管辖权。

C错误。本题中，韩某可以与萨沙书面协议选择被告住所地，即俄罗斯法院起诉，若无事先约定，也可以直接向被告住所地法院起诉，并非只能在中国法院起诉。

D错误。《涉外民事关系法律适用法》第41条规定："当事人可以协议选择合同适用的法律。当事人没有选择的，适用履行义务最能体现该合同特征的一方当事人经常居所地法律或者其他与该合同有最密切联系的法律。"在涉外合同法律适用领域，当事人意思自治优先，其协议选择法律适用时，并不受特征性履行原则或最密切联系原则的限制。

10. A与B都是中国人，在中国上海结婚，B婚后都在美国居住，A定居上海，后A向上海某法院递交离婚申请，B抗辩说她已经在三个月前向美国的法院递交了离婚申请，美国法院已经受理离婚诉讼，认为中国法院没有管辖权，根据中国法律相关规定，以下选项正确的是？(2020-回忆版，单)[2]

A. 不管美国是否有管辖权，中国法院都有管辖权，且不受美国管辖权影响

B. 中国法院可以要求美国法院移交案件材料给中国法院

C. 中国法院应中止审理，等待美国法院判决结果

D. 中国法院没有管辖权，应拒绝受理

【考点】平行管辖

【解析】平行管辖原则，又称为选择管辖原则，是指一个国家在主张自己对某些案件有管辖权的同时，并不否认其他国家法院对这些案件行使管辖权。

11. 甲国人朴某与中国人张某在甲国诉讼离婚，朴某向张某住所地的我国某法院申请承认和执行该离婚判决。我国和甲国之间既没有双边协定也没有互惠关系。下列说法正确的是？(2019-回忆版，单)[3]

---

[1] B [2] A [3] B

A. 由于没有条约或互惠关系，我国法院应该拒绝承认和执行该离婚判决

B. 如果甲国的离婚判决是在张某缺席且未得到合法传唤情况下做出的，则我国法院应当拒绝承认与执行该判决

C. 法院受理朴某的承认与执行申请后，张某向该法院提起离婚诉讼的，该法院应当受理

D. 如法院已经受理了朴某的申请，则朴某不得撤回该申请

【考点】 国外离婚判决的承认与执行、平行管辖

【解析】 A 错误。根据我国法律的规定，承认与执行外国法院判决必须有条约或互惠关系，但婚姻家庭判决中解除身份关系的内容除外。A 项的表述没有考虑到例外情形。

B 正确。根据我国法律的规定，缺席判决的承认与执行申请必须提供已经合法传唤的证明，除非判决、裁定中已经予以说明。本题中明确表示未经合法传唤，显然不符合规定，应当拒绝。

C 错误。根据我国法律的规定，对于我国法院依照我国法律有管辖权的案件，即使外国法院已经受理或已经做出判决，我国法院仍旧能够受理。但我国法院已经认可和执行外国法院判决的除外。C 项中，我国法院虽然尚未做出认可和执行的裁定，但是已经审理了相关申请，在做出决定前也不应该受理张某的诉讼，而应该根据结果再行决定。不予认可和执行的，受理张某的诉讼；予以认可和执行的，不受理张某的诉讼。C 项中"应当受理"的说法显然不正确。

D 错误。根据我国法律的规定，当事人提出的认可或执行外国法院判决的申请后可以撤回申请，人民法院应该裁定准予撤回。

12. 中国某法院审理一起涉外民事纠纷，需要向作为被告的外国某公司进行送达。根据《关于向国外送达民事或商事司法文书和司法外文书公约》（海牙《送达公约》）、中国法律和司法解释，关于该案件的涉外送达，法院的下列哪一做法是正确的？（2013-1-39，单）[1]

A. 应首先按照海牙《送达公约》规定的方式进行送达

B. 不得对被告采用邮寄送达方式

C. 可通过中国驻被告所在国使领馆向被告进行送达

D. 可通过电子邮件方式向被告送达

【考点】 承认与执行外国法院判决的程序和条件（双边司法协助协定的规定中关于外国法院判决承认与执行的规定）

【解析】 A 错误。根据海牙《送达公约》规定，在所有民事或商事案件中，如有必须递送司法文书或司法外文书以便向国外送达的情形，才适用本公约。因此如果题目中外国公司在中国领域内设有代表机构的，可以直接向该代表机构送达而不必根据《送达公约》向国外送达。

B 错误。《民诉法解释》第 534 条第 1 款规定："受送达人所在国允许邮寄送达的，人民法院可以邮寄送达。"因此，中国法院向外国公司可以采取邮寄送达方式，但需要满足条件：受送达人所在国法律允许。

C 错误。《民事诉讼法》第 274 条规定："人民法院对在中华人民共和国领域内没有住所的当事人送达诉讼文书，可以采用下列方式：

（一）依照受送达人所在国与中华人民共和国缔结或者共同参加的国际条约中规定的方式送达；

（二）通过外交途径送达；

（三）对具有中华人民共和国国籍的受送达人，可以委托中华人民共和国驻受送达人所在

---

[1] D

国的使领馆代为送达；

（四）向受送达人委托的有权代其接受送达的诉讼代理人送达；

（五）向受送达人在中华人民共和国领域内设立的代表机构或者有权接受送达的分支机构、业务代办人送达；

（六）受送达人所在国的法律允许邮寄送达的，可以邮寄送达，自邮寄之日起满三个月，送达回证没有退回，但根据各种情况足以认定已经送达的，期间届满之日视为送达；

（七）采用传真、电子邮件等能够确认受送达人收悉的方式送达；

（八）不能用上述方式送达的，公告送达，自公告之日起满三个月，即视为送达。"

采取此方式送达的对象是中国公民。

D 正确。《民事诉讼法》第 274 条规定："人民法院对在中华人民共和国领域内没有住所的当事人送达诉讼文书，可以采用下列方式……采用传真、电子邮件等能够确认受送达人收悉的方式送达……。"

13. 中国与甲国均为《关于从国外调取民事或商事证据的公约》的缔约国，现甲国法院因审理一民商事案件，需向中国请求调取证据。根据该公约及我国相关规定，下列哪一说法是正确的？（2014 - 1 - 39，单）[1]

A. 甲国法院可将请求书交中国司法部，请求代为取证

B. 中国不能以该请求书不属于司法机关职权范围为由拒绝执行

C. 甲国驻中国领事代表可在其执行职务范围内，向中国公民取证，必要时可采取强制措施

D. 甲国当事人可直接在中国向有关证人获取证人证言

【考点】国际私法协助、域外调取证据

【解析】A 正确。《最高人民法院、外交部、司法部关于执行〈关于向国外送达民事或商事司法文书和司法外文书公约〉有关程序的通知》第 1 条规定："凡公约成员国驻华使、领馆转送该国法院或其他机关请求我国送达的民事或商事司法文书，应直接送交司法部，由司法部转递给最高人民法院，再由最高人民法院交有关人民法院送达给当事人。送达证明由有关人民法院交最高人民法院退司法部，再由司法部送交该国驻华使、领馆。"

B 错误。《关于从国外调取民事或商事证据的公约》第 12 条规定："只有在下列情况下，才能拒绝执行请求书：（一）在执行国，该请求书的执行不属于司法机关的职权范围；或（二）被请求国认为，请求书的执行将会损害其主权和安全。执行国不能仅因其国内法已对该项诉讼标的规定专属管辖权或不承认对该事项提起诉讼的权利为理由，拒绝执行请求。"中国可以以请求书不属于司法机关职权范围为理由拒绝执行。

C 错误。《关于从国外调取民事或商事证据的公约》第 15 条第 1 款规定："在民事或商事案件中，每一缔约国的外交官员或领事代表在另一缔约国境内其执行职务的区域内，可以向他所代表的国家的国民在不采取强制措施的情况下调取证据，以协助在其代表的国家的法院中进行的诉讼。"因此，甲国驻中国领事代表只可以向甲国的国民在不采取强制措施情况下调取证据，不可以向中国公民取证，更不能采取强制措施。

D 错误。我国原则上不允许外国当事人或诉讼代理人自行取证。

14. 当事人欲将某外国法院作出的民事判决申请中国法院承认和执行。根据中国法律，下列哪一选项是错误的？（2012 - 1 - 39，单）[2]

---

[1] A [2] C

A. 该判决应向中国有管辖权的法院申请承认和执行

B. 该判决应是外国法院作出的发生法律效力的判决

C. 承认和执行该判决的请求须由该外国法院向中国法院提出，不能由当事人向中国法院提出

D. 如该判决违反中国的公共利益，中国法院不予承认和执行

【考点】 我国民事判决的承认与执行

【解析】 A、B 正确。《民事诉讼法》第 288 条规定："外国法院作出的发生法律效力的判决、裁定，需要中华人民共和国人民法院承认和执行的，可以由当事人直接向中华人民共和国有管辖权的中级人民法院申请承认和执行，也可以由外国法院依照该国与中华人民共和国缔结或者参加的国际条约的规定，或者按照互惠原则，请求人民法院承认和执行。"《民诉法解释》第 542 条规定："当事人向中华人民共和国有管辖权的中级人民法院申请承认和执行外国法院作出的发生法律效力的判决、裁定的，如果该法院所在国与中华人民共和国没有缔结或者共同参加国际条约，也没有互惠关系的，裁定驳回申请，但当事人向人民法院申请承认外国法院作出的发生法律效力的离婚判决的除外。承认和执行申请被裁定驳回的，当事人可以向人民法院起诉。"

C 错误。外国法院的判决、裁定申请中国法院承认和执行的，可以由当事人申请，也可以由外国法院请求执行。

D 正确。《民事诉讼法》第 289 条规定："人民法院对申请或者请求承认和执行的外国法院作出的发生法律效力的判决、裁定，依照中华人民共和国缔结或者参加的国际条约，或者按照互惠原则进行审查后，认为不违反中华人民共和国法律的基本原则或者国家主权、安全、社会公共利益的，裁定承认其效力，需要执行的，发出执行令，依照本法的有关规定执行。违反中华人民共和国法律的基本原则或者国家主权、安全、社会公共利益的，不予承认和执行。"

15. 蒙古公民高娃因民事纠纷在蒙古某法院涉诉。因高娃在北京居住，该蒙古法院欲通过蒙古驻华使馆将传票送达高娃，并向其调查取证。依中国法律规定，下列哪一选项是正确的？(2016 - 1 - 39，单)[1]

A. 蒙古驻华使馆可向高娃送达传票

B. 蒙古驻华使馆不得向高娃调查取证

C. 只有经中国外交部同意后，蒙古驻华使馆才能向高娃送达传票

D. 蒙古驻华使馆可向高娃调查取证并在必要时采取强制措施

【考点】 国际司法协助、域外送达、域外取证

【解析】《民事诉讼法》第 284 条规定："请求和提供司法协助，应当依照中华人民共和国缔结或者参加的国际条约所规定的途径进行；没有条约关系的，通过外交途径进行。

外国驻中华人民共和国的使领馆可以向该国公民送达文书和调查取证，但不得违反中华人民共和国的法律，并不得采取强制措施。

除前款规定的情况外，未经中华人民共和国主管机关准许，任何外国机关或者个人不得在中华人民共和国领域内送达文书、调查取证。"

A 正确，C 错误。只要不违反中国法律，外国驻中国使领馆可以向该国公民送达文书，不必经中国外交部同意。

B、D 错误。只要不违反中国法律，蒙古驻华使领馆可以向该国公民调查取证，但不得采

---

[1] A

取强制措施。

16. 希腊甲公司授权中国乙公司在亚洲地区独占使用甲公司的某项发明专利，许可期限 10 年，标的额 3.68 亿元，双方协议选择我国最高人民法院国际商事法庭对该案进行管辖。后因甲公司在协议有效期内又给予荷兰丙公司以同样的独占许可，中国乙公司根据协议向希腊甲公司提起诉讼。根据我国法律，下列说法正确的是？（2019 - 回忆版，单）[1]

  A. 当事人对国际商事法庭做出的判决可以向最高人民法院本部申请再审

  B. 有丰富经验的希腊法学家可以被国际商事法庭遴选为法官参与本案的审理

  C. 如双方无异议，甲公司提交的证据材料必须提供中文译本

  D. 在希腊获得的证据经过公证和认证后可以在法庭直接被采用

【考点】 《最高人民法院关于设立国际商事法庭若干问题的规定》

【解析】 对法庭作出的已经生效的判决、裁定和调解书，可向最高人民法院本部申请再审。当事人提交的证据材料系英文且经对方当事人同意的，可以不提交中文翻译件。域外形成材料无论是否公证、认证，均需质证。

17. 最高人民法院国际商事法庭审理某国际商事案件，根据我国相关法律，下列说法正确的是？（2019 - 回忆版，多）[2]

  A. 该法庭做出的调解书经双方签收后，具有与判决同样的法律效力

  B. 外方当事人可以委托其本国律师代理诉讼

  C. 外方当事人可以委托其使领馆官员以个人身份代理诉讼

  D. 如对法庭做出的判决不服，可向最高人民法院本部提起上诉

【考点】 《最高人民法院关于设立国际商事法庭若干问题的规定》

【解析】 A 正确。根据上述司法解释，当事人可以选择调解程序，法庭作出的调解书经过签收后与判决具有同样的法律效力。

  B 错误。根据我国法律的规定，外方当事人可以委托其本国人或本国律师以"非律师"身份代理诉讼，但不是公民代理。B 项中没有标明"非律师"身份，错误。

  C 正确。根据我国法律的规定，外方当事人可以委托本国使领馆官员以个人身份代理诉讼。作为诉讼代理人时，不享有特权与豁免。

  D 错误。根据上述司法解释的规定，对国际商事法庭作出的判决，可以向最高人民法院本部申请再审，但不得上诉。

18. 中国甲公司和美国乙公司签订买卖合同，合同标的为 1 亿美元且双方约定因合同发生的纠纷提交中国最高人民法院进行管辖。根据我国法律的规定，下列说法正确的是：（2019 - 回忆版，单）[3]

  A. 因违反我国关于级别管辖的规定，所以该法院选择协议无效

  B. 如国际商事法庭受理此案，法庭可以直接委托国际商事专家委员会进行调解

  C. 如国际商事法庭受理此案并作出判决，则被诉方不能上诉

  D. 如国际商事法庭受理此案且经双方当事人同意，则可用英文进行案件的审理

【考点】 《最高人民法院关于设立国际商事法庭若干问题的规定》

【解析】 A 错误，根据上述司法解释的规定，当事人可以选择我国最高人民法院进行管辖。

  B 错误，当事人可以选择调解方式解决纠纷，委托法庭或者国际商事专家委员会调解。而不是法庭"直接"委托调解。

---

[1] A [2] AC [3] C

D 错误，应当用中国的语言文字。

19. 中国国际商事法庭受理了中国甲公司和新西兰乙公司的国际货物买卖合同纠纷，审理过程中乙公司咨询能否通过视听传输技术等信息网络方式质证，根据最高人民法院《关于设立国际商事法庭若干问题的规定》，下列哪项判断是正确的？（2020 - 回忆版，单）[1]

A. 审限应为 6 个月

B. 本案判决可直接向国际商事法庭申请执行

C. 如双方当事人无异议，本案可以英文制作判决书

D. 本案必须现场质证，不可以网络方式质证

【考点】《最高人民法院关于设立国际商事法庭若干问题的规定》

【解析】 涉外案件审限不受《民事诉讼法》审理时限制。A 错误。

《最高人民法院关于设立国际商事法庭若干问题的规定》第 17 条规定："国际商事法庭作出的发生法律效力的判决、裁定和调解书，当事人可以向国际商事法庭申请执行。"B 正确。

第 9 条规定："当事人提交的证据材料系英文且经对方当事人同意的，可以不提交中文翻译件。"C 错误。

第 10 条规定："国际商事法庭调查收集证据以及组织质证，可以采用视听传输技术及其他信息网络方式。"D 错误。

20. 德国英海公司与韩国致远公司协议将合同纠纷提交中国国际商事法庭管辖。依中国法律规定及司法解释，下列哪一选项是正确的？（2020 - 回忆版，单）[2]

A. 如该法庭对本案作出判决，为避免影响判决书效力，法官的少数意见不应当在判决书中载明

B. 因该法庭是最高人民法院常设审判机构，英海公司与致远公司无权选择其作为一审法院

C. 如该法庭受理本案，应先委托国际商事专家委员会调解

D. 如合同争议与中国无实际联系，该法庭无管辖权

【考点】《最高人民法院关于设立国际商事法庭若干问题的规定》

【解析】 A 错误。《最高人民法院关于设立国际商事法庭若干问题的规定》第 5 条第 2 款规定："合议庭评议案件，实行少数服从多数的原则。少数意见可以在裁判文书中载明。"

B 错误。在满足管辖权条件下可以选择。

C 错误。上述规定第 12 条规定："……经当事人同意，可以委托国际商事专家委员会成员或者国际商事调解机构调解。"

D 正确。

第六章　区际法律问题

第一节　区际法律冲突与区际冲突法

1. 中国某法院受理一涉外民事案件后，依案情确定应当适用甲国法。但在查找甲国法时发现甲国不同州实施不同的法律。关于本案，法院应当采取下列哪一做法？（2011 - 1 - 39，单）[1]

A. 根据意思自治原则，由当事人协议决定适用甲国哪个州的法律

B. 直接适用甲国与该涉外民事关系有最密切联系的州法律

C. 首先适用甲国区际冲突法确定准据法，如甲国没有区际冲突法，适用中国法律

D. 首先适用甲国区际冲突法确定准据法，如甲国没有区际冲突法，适用与案件有最密切联系的州法律

【考点】区际冲突法

【解析】《涉外民事关系法律适用法》第6条规定："涉外民事关系适用外国法律，该国不同区域实施不同法律的，适用与该涉外民事关系有最密切联系区域的法律。"B 正确。

第二节　区际司法协助

2. 香港地区甲公司与内地乙公司发生投资纠纷，乙公司诉诸某中级人民法院。陈某是甲公司法定代表人，张某是甲公司的诉讼代理人。关于该案的文书送达及法律适用，下列哪些选项是正确的？（2011 - 1 - 79，多）[2]

A. 如陈某在内地，受案法院必须通过上一级人民法院向其送达

B. 如甲公司在授权委托书中明确表明张某无权代为接收有关司法文书，则不能向其送达

C. 如甲公司在内地设有代表机构的，受案人民法院可直接向该代表机构送达

D. 同时采用公告送达和其他多种方式送达的，应当根据最先实现送达的方式确定送达日期

【考点】中国内地与港澳台之间的送达

【解析】《最高人民法院关于涉港澳民商事案件司法文书送达问题若干规定》第3条规定："作为受送达人的自然人或者企业、其他组织的法定代表人、主要负责人在内地的，人民法院

---

[1] B 　[2] BC

可以直接向该自然人或者法定代表人、主要负责人送达。"陈某如在内地，中级人民法院可以直接向其送达，不需要再经过上一级人民法院。A 错误。

上述规定第 4 条规定："除受送达人在授权委托书中明确表明其诉讼代理人无权代为接收有关司法文书外，其委托的诉讼代理人为有权代其接受送达的诉讼代理人，人民法院可以向该诉讼代理人送达。"因甲公司在授权委托书中明确了不能由张某代收司法文书，故中级人民法院不能向张某送达。B 正确。

上述规定第 5 条规定："受送达人在内地设立有代表机构的，人民法院可以直接向该代表机构送达。受送达人在内地设立有分支机构或者业务代办人并授权其接受送达的，人民法院可以直接向该分支机构或者业务代办人送达。"C 正确。注意题干表述的是代表机构，而不是分支机构或业务代办人。

上述规定第 10 条规定："除公告送达方式外，人民法院可以同时采取多种法定方式向受送达人送达。采取多种方式送达的，应当根据最先实现送达的方式确定送达日期。"D 错误。该条第 2 款排除了公告送达方式，也就是说公告送达与其他法定方式的送达不能同时运用，采用了公告送达就排除了其他送达方式。

【注意】《最高人民法院关于涉港澳民商事案件司法文书送达问题若干规定》（简称《若干规定》）对于《最高人民法院关于内地与香港特别行政区法院相互委托送达民商事司法文书的安排》（简称《安排》）相关内容作了补充规定，《安排》规定双方委托送达司法文书，均必须通过内地各高级人民法院和香港特别行政区高等法院进行，中级人民法院不能直接送达，而《若干规定》则对于受送达人是港澳地区的公民、法人或其他组织的，如其法定代表人、主要负责人在内地、在内地设立有代表机构、分支机构或者业务代办人的，可以直接向这些主体送达，除此之外的情形继续适用《安排》规定。

3. 内地某中级人民法院审理一起涉及澳门特别行政区企业的商事案件，需委托澳门特别行政区法院进行司法协助。关于该司法协助事项，下列哪些表述是正确的？（2013 - 1 - 79，多）[1]

A. 该案件司法文书送达的委托，应通过该中级人民法院所属高级法院转交澳门特别行政区终审法院

B. 澳门特别行政区终审法院有权要求该中级人民法院就其中文委托书提供葡萄牙语译本

C. 该中级人民法院可以请求澳门特别行政区法院协助调取与该案件有关的证据

D. 在受委托方法院执行委托调取证据时，该中级人民法院司法人员经过受委托方允许可以出席并直接向证人提问

【考点】 涉澳区际司法协助

【解析】《最高人民法院关于内地与澳门特别行政区法院就民商事案件相互委托送达司法文书和调取证据的安排》第 2 条第 1 款规定："双方相互委托送达司法文书和调取证据，通过各高级人民法院和澳门特别行政区终审法院进行。最高人民法院与澳门特别行政区终审法院可以直接相互委托送达和调取证据。"内地与澳门司法文书送达与调取证据的机关：内地为各高院、最高院；澳门是终审法院。A 正确，C 正确。

第 5 条规定："委托书应当以中文文本提出。所附司法文书及其他相关文件没有中文文本的，应当提供中文译本。"B 错误。中文属于官方语言，澳门终审法院不能要求提供葡萄牙语译本。

第20条规定："受委托方法院在执行委托调取证据时，根据委托方法院的请求，可以允许委托方法院派司法人员出席。必要时，经受委托方允许，委托方法院的司法人员可以向证人、鉴定人等发问。"D正确。

4. 澳门甲公司与内地乙公司的合同争议由内地一仲裁机构审理，甲公司最终胜诉。乙公司在广东、上海和澳门均有财产。基于这些事实，下列哪些选项是正确的？（2010 - 1 - 82，多)〔1〕

    A. 甲公司可分别向广东和上海有管辖权的法院申请执行

    B. 只有国务院港澳办提供的名单内的仲裁机构作出的裁决才能被澳门法院认可与执行

    C. 甲公司分别向内地和澳门法院申请执行的，内地法院应先行执行清偿

    D. 两地法院执行财产总额不得超过依裁决和法律规定所确定的数额

【考点】 内地与港澳台之间仲裁裁决的承认与执行

【解析】《关于内地与澳门特别行政区相互认可和执行仲裁裁决的安排》（以下简称"《安排》"）第2条第1款、第2款规定："在内地或者澳门特别行政区作出的仲裁裁决，一方当事人不履行的，另一方当事人可以向被申请人住所地、经常居住地或者财产所在地的有关法院申请认可和执行。

内地有权受理认可和执行仲裁裁决申请的法院为中级人民法院。两个或者两个以上中级人民法院均有管辖权的，当事人应当选择向其中一个中级人民法院提出申请。"如果内地两个或两个以上法院都有管辖权的，申请人只能向内地其中一个法院申请执行。A错误。

上述《安排》第1条规定："内地人民法院认可和执行澳门特别行政区仲裁机构及仲裁员按照澳门特别行政区仲裁法规在澳门作出的民商事仲裁裁决，澳门特别行政区法院认可和执行内地仲裁机构依据《中华人民共和国仲裁法》在内地作出的民商事仲裁裁决，适用本安排。

本安排没有规定的，适用认可和执行地的程序法律规定。"B错误。

上述《安排》第3条规定："被申请人的住所地、经常居住地或者财产所在地分别在内地和澳门特别行政区的，申请人可以向一地法院提出认可和执行申请，也可以分别向两地法院提出申请。

当事人分别向两地法院提出申请的，两地法院都应当依法进行审查。予以认可的，采取查封、扣押或冻结被执行人财产等执行措施。仲裁地法院应当先进行执行清偿；另一地法院在收到仲裁地法院关于经执行债权未获清偿情况的证明后，可以对申请人未获清偿的部分进行执行清偿。两地法院执行财产的总额，不得超过依据裁决和法律规定所确定的数额。"C、D正确。

5. 秦某与洪某在台北因合同纠纷涉诉，被告洪某败诉。现秦某向洪某财产所在地的大陆某中级人民法院申请认可该台湾地区的民事判决。关于该判决的认可，下列哪些选项是正确的？（2015 - 1 - 79，多)〔2〕

    A. 人民法院受理秦某申请后，应当在6个月内审结

    B. 受理秦某的认可申请后，作出裁定前，秦某要求撤回申请的，人民法院应当允许

    C. 如人民法院裁定不予认可该判决，秦某可以在裁定作出1年后再次提出申请

    D. 人民法院受理申请后，如对该判决是否生效不能确定，应告知秦某提交作出判决的法院出具的证明文件

【考点】 台湾判决的承认和执行

---

〔1〕 CD　〔2〕 ABD

【解析】A 正确。《最高人民法院关于认可和执行台湾地区法院民事判决的规定》第 14 条第 1 款规定："人民法院受理认可台湾地区法律民事判决的申请后，应当在立案之日起六个月内审结。有特殊情况需要延长的，报请上一级人民法院批准。"

B 正确。当事人请求撤回申请的，可以裁定允许。

C 错误。上述规定第 19 条规定："对人民法院裁定不予认可的台湾地区法院民事判决，申请人再次提出申请的，人民法院不予受理，但是申请人可以就同一争议向人民法院起诉。"

D 正确。上述规定第 16 条第 1 款规定："人民法院经审查能够确认台湾地区法院民事判决真实并且已经生效，而且不具有本规定第十五条所列情形的，裁定认可其效力；不能确认该民事判决的真实性或者已经生效的，裁定驳回申请人的申请。"可见人民法院受理申请后，如对判决是否生效不能确定，有权要求申请人提交作出判决的法院出具的证明文件。

第一章　国际货物买卖

第一节　国际贸易术语

1. 甲国 A 公司（卖方）与中国 B 公司采用 FOB 价格条件订立了一份货物买卖合同，约定货物保质期为交货后一年。B 公司投保了平安险。货物在海运途中因天气恶劣部分损毁，另一部分完好交货，但在交货后半年左右出现质量问题。根据《联合国国际货物销售合同公约》和有关贸易惯例，下列哪一选项是正确的？（2010－1－42，单）[1]

　　A. A 公司在陆地上将货物交给第一承运人时完成交货

　　B. 货物风险在装运港越过船舷时转移

　　C. 对交货后半年出现的货物质量问题，因风险已转移，A 公司不承担责任

　　D. 对海运途中损毁的部分货物，应由保险公司负责赔偿

【考点】FOB 下风险转移时间、违约与风险转移的关系、平安险的范围

【解析】A 错误。FOB 术语下，交货地点为装运港船上。

C 错误。货物风险，是指货物因自然灾害、意外事故或人为原因所致的损坏或灭失的危险，并不包括由于卖方违反合同所致的损失。

D 错误。平安险，又称"单独海损不赔"，责任范围包括：

（1）因自然灾害造成的整批货物的全部损失或推定全损；

（2）因运输工具遭遇意外事故造成货物全部或部分损害；

（3）因运输工具发生意外事故后，货物又遭遇自然灾害所造成的部分损失；

（4）装卸或转运过程中货物落海造成的全部或部分损失；

（5）被保险人采取救济措施所支付的合理费用，但不能超过保险金额；

（6）避难港装卸货、存仓、运送货物产生的特别费用；

（7）共同海损的牺牲、分摊和救助费用；

（8）"船舶互撞责任条款"规定的应由货方偿还船方的损失。

本题中货物的损失属于自然灾害造成的部分损失，不属于平安险承保范围。

---

[1]　B

2. 某国甲公司向中国乙公司出售一批设备，约定贸易术语为"FOB（Incoterms 2010）"，后设备运至中国。依《国际贸易术语解释通则》和《联合国国际货物销售合同公约》，下列哪一选项是正确的？（2013－1－40，单）[1]

A. 甲公司负责签订货物运输合同并支付运费

B. 甲、乙公司的风险承担以货物在装运港越过船舷为界

C. 如该批设备因未按照同类货物通用方式包装造成损失，应由甲公司承担责任

D. 如该批设备侵犯了第三方在中国的专利权，甲公司对乙公司不承担责任

【考点】FOB（Incoterms 2010）、《联合国国际货物销售合同公约》卖方义务

【解析】A 错误。FOB（Incoterms 2010）下，卖方没有签订运输合同的义务。

B 错误。FOB（Incoterms 2010）下，风险自货物交到船上时转移给买方，2010 年贸易术语风险转移不再设定"船舷"界限，只强调卖方承担货物装上船为止的一切风险。

C 正确。依据《联合国国际货物销售合同公约》规定，货物应当按照同类货物通用的方式装箱或包装，如果没有此种通用方式，则按照足以保全和保护货物的方式装箱或包装。因卖方包装不符而造成的货损应由卖方承担责任。

D 错误。卖方所交付的货物，必须是第三方不能依工业产权或其他知识产权主张任何权利或要求的货物；并且如果第三方的权利是依买方营业所在地国的法律取得的，不管卖方是否知晓，卖方都应承担责任。

3. 法国甲公司和我国乙公司签订合同出口一批红酒，双方选择 FOB（2010）规范双方的权利和义务。从甲公司的酒庄到港口有一段需要公路运输。双方后因合同争议诉至我国法院。法国和我国均为《联合国国际货物销售合同公约》缔约国。下列说法正确的是：（2019－回忆版，单）[2]

A. 中国乙公司应承担包括陆路运输在内的一切运输

B. 法国甲公司将货物交给陆路运输的第一承运人即完成了交货

C. 法国甲公司在装运港将货物装上指定的船舶即完成了交货

D. 我国乙公司应该负责酒庄到目的港的运输

【考点】FOB（Incoterms 2010）

【解析】首先必须明确，法国甲公司为卖方，中国乙公司为买方。

A 错误。在 2010 版术语下，FOB 术语仅仅适用于水上运输。

B 错误。本题考察的是交货。FOB 在货物装上船时完成交货即转移风险。综合而言，FOB 术语应该在装运地货物装上船时完成交货。

D 错误。如 A 项解析所述，虽然买方有义务负责运输，但其只负责海上运输这一段，路上运输在没有特别约定的情况下应该由卖方即甲公司负责。

4. 法国甲公司与中国乙公司签订合同进口一批货物，合同选用了《2020 年国际贸易术语解释通则》的 CIP 术语，下列哪些判断是正确的？（2020－回忆版，多）[3]

A. CIP 约定适用 2020 通则，但是当事人约定投平安险为有效

B. 货物风险装运港装运上船时转移

C. 如果双方合同约定保平安险，则甲公司（卖方）只需要保平安险

D. 即使双方合同约定保平安险，甲公司（卖方）也应投保一切险

【考点】《2020 年通则》

---

[1] C　[2] C　[3] AC

【解析】依《2020 年通则》CIP 术语，卖方取得的保险应符合《协会货物保险条款》（A）条款的保险险别，A 条款即类似于中国人民保险公司海洋货物运输保险中的"一切险"。当然，双方当事人仍可以自由商定较低的保险险别。A、C 正确，D 错误。CIP，意为"运费和保险费付至（指定目的地）"，指卖方通过以下方式向买方完成交货及风险转移：将货物交付给承运人，该承运人已与卖方签约，或者取得已经如此交付的货物。卖方为此可依所采用的运输工具之合适方式和地点让承运人实际占有货物。B 错误。

5. 中国 A 公司从甲国埃拉公司以 DPU 术语进口一批货物，信用证方式付款，根据国际经济法的相关规则和实践，下列哪些判断是正确的？(2020 - 回忆版，多)[1]

    A. 埃拉公司有义务为中国 A 公司投保货物运输险

    B. 埃拉公司应在"运输终端"完成交货

    C. 埃拉公司应承担运输中的风险

    D. 中国 A 公司如发现货物与合同约定不符，应在合理时间通知埃拉公司

【考点】《2020 年通则》

【解析】双方之间均无订立保险合同的义务，由于 DPU 是在买方所在国家交货，卖方需要将货物运输过去，运输途中的风险都由卖方承担，因此，虽然卖方对买方没有保险的义务，但其为了成功交货，应当办理保险。买方应对方要求，应向卖方提供取得保险所需信息。A 错误，C 正确。卖方必须在约定日期或期限内，在指定目的地的约定地点（如有），以将货物从抵达的运输工具上卸下并交由买方处置，或以取得已经如此交付的货物的方式交货。B 错误。根据《联合国国际货物销售合同公约》D 正确。

第二节　1980 年《联合国国际货物销售合同公约》

一、公约的适用范围

6. 中国甲公司与法国乙公司签订了向中国进口服装的合同，价格条件 CIF。货到目的港时，甲公司发现有两箱货物因包装不当途中受损，因此拒收，该货物在目的港码头又被雨淋受损。依 1980 年《联合国国际货物销售合同公约》及相关规则，下列哪一选项是正确的？(2015 - 1 - 40，单)[2]

    A. 因本合同已选择了 CIF 贸易术语，则不再适用《公约》

    B. 在 CIF 条件下应由法国乙公司办理投保，故乙公司也应承担运输途中的风险

    C. 因甲公司拒收货物，乙公司应承担货物在目的港码头雨淋造成的损失

    D. 乙公司应承担因包装不当造成的货物损失

【考点】CIF 术语

【解析】A 错误。合同中对贸易术语的选择只能部分排除公约。

B 错误。CIF 术语中卖方负责签订运输合同和保险合同，但是 CIF 术语下货物风险是在装运港货物装上船时转移给买方，因此运输途中的风险不应由卖方承担。

C 错误。《联合国国际货物销售合同公约》规定了买方接收货物的义务，本案货物在目的港码头遭受雨淋造成的损失是因为买方未履行接收义务导致损失的扩大，故该损失应由买方（本案的甲公司）承担。

---

[1]　CD　　[2]　D

D 正确。如果货物损失是因为卖方包装不当所致，卖方违反了质量担保义务，应承担由此造成的货物损失。

7. 营业地位于不同国家的甲乙两公司签订了货物买卖合同，约定使用 FCA 术语为交货条件。关于该术语以下选项正确的有哪些？（2018－回忆版，多）[1]

    A. 该术语可以适用于任何的运输方式，包括多式联运

    B. 该术语只能适用于海运运输合同

    C. 该术语要求卖方将货物交给第一承运人时完成交货义务

    D. 承运人自收到货物时，货物的风险由卖方转移给买方

【考点】FCA 术语

【解析】FCA 术语适用于任何一种或一种以上的运输方式。A 正确，B 错误。卖方将货物交给第一承运人时完成交货义务。C 正确。货物风险自卖方将货物交给第一承运人时转移。D 正确。

8. 中国甲公司与法国乙公司商谈进口特种钢材，乙公司提供了买卖该种钢材的格式合同，两国均为 1980 年公约缔约国。根据相关规则，下列哪一选项是正确的？（2014－1－40，单）[2]

    A. 因两国均为公约缔约国，双方不能在合同中再选择适用其他法律

    B. 格式合同为该领域的习惯法，对双方具有约束力

    C. 双方可对格式合同的内容进行修改和补充

    D. 如双方在合同中选择了贸易术语，则不再适用公约

【考点】《联合国国际货物销售合同公约》适用的任意性

【解析】A 错误。《联合国国际货物销售合同公约》第 6 条规定："双方当事人可以不适用本公约，或在第十二条的条件下，减损本公约的任何规定或改变其效力。"公约适用具有任意性，当事人可以通过选择其他国家的法律而排除公约的适用，也可以对公约规定的内容进行修改。

    B 错误，C 正确。格式合同并没有法律效力，经当事人同意可以修改和补充。

    D 错误。当事人选择贸易术语并不意味着排除适用《联合国国际货物销售合同公约》。

二、国际货物买卖合同双方的义务

9. A 公司和 B 公司于 2011 年 5 月 20 日签订合同，由 A 公司将一批平板电脑售卖给 B 公司。A 公司和 B 公司营业地分别位于甲国和乙国，两国均为《联合国国际货物销售合同公约》缔约国。合同项下的货物由丙国 C 公司的"潇湘"号商船托运，装运港是甲国某港口，目的港是乙国某港口，在运输途中，B 公司与中国 D 公司就货物转卖达成协议。请回答下题。如货物运抵乙国后，乙国的 E 公司指控该批平板电脑侵犯其在乙国取得的专利权，致使货物遭乙国海关扣押，B 公司向 A 公司索赔。在下列选项中，A 公司无须承担责任的情形是（2011－1－100，不定项）[3]

    A. A 公司在订立合同时不知道这批货物可能依乙国法属侵权

    B. B 公司在订立合同时知道这批货物存在第三者权利

    C. A 公司是遵照 B 公司提供的技术图样和款式进行生产的

    D. B 公司在订立合同后知道这批货物侵权但未在合理时间内及时通知 A 公司

【考点】卖方对知识产权担保义务的限制

---

[1] ACD   [2] C [3] BCD

【解析】A错误。卖方所交付的货物，必须是第三者不得依工业产权或者其他知识产权主张任何权利或要求的货物；特别是第三者的权利是依买方营业所所在地国的法律取得的，不管卖方是否知晓，都应承担责任。

B正确。买方在订立合同时知道、已经知道或不可能不知道此项权利或要求的，卖方免责。

C正确。此项权利或要求的发生，是由于卖方要遵照买方所提供的技术图样、图案、款式或其他规格，卖方免责。

D正确。买方怠于通知，则买方丧失索赔权利。

10. 甲公司从国外进口一批货物，根据《联合国国际货物销售合同公约》，关于货物检验和交货不符合同约定的问题，下列说法正确的是：(2013-1-99，不定项)[1]

A. 甲公司有权依自己习惯的时间安排货物的检验

B. 如甲公司须再发运货物，没有合理机会在货到后加以检验，而卖方在订立合同时已知道再发运的安排，则检验可推迟到货物到达新目的地后进行

C. 甲公司在任何时间发现货物不符合同均可要求卖方赔偿

D. 货物不符合同情形在风险转移时已经存在，在风险转移后才显现的，卖方应当承担责任

【考点】《联合国国际货物销售合同公约》

【解析】A错误，B正确。《联合国国际货物销售合同公约》第38条规定："(1) 买方必须在按情况实际可行的最短时间内检验货物或由他人检验货物。(2) 如果合同涉及货物的运输，检验可推迟到货物到达目的地后进行。(3) 如果货物在运输途中改运或买方须再发运货物，没有合理机会加以检验，而卖方在订立合同时已知道或理应知道这种改运或再发运的可能性，检验可推迟到货物到达新目的地后进行。"

C错误。《联合国国际货物销售合同公约》第39条规定："(1) 买方对货物不符合同，必须在发现或理应发现不符情形后一段合理时间内通知卖方，说明不符合同情形的性质，否则就丧失声称货物不符合同的权利。(2) 无论如何，如果买方不在实际收到货物之日起两年内将货物不符合同情形通知卖方，他就丧失声称货物不符合同的权利，除非这一时限与合同规定的保证期限不符。"

D正确。《联合国国际货物销售合同公约》第36条规定："(1) 卖方应按照合同和本公约的规定，对风险移转到买方时所存在的任何不符合同情形，负有责任，即使这种不符合同情形在该时间后方始明显。(2) 卖方对在上一款所述时间后发生的任何不符合同情形，也应负有责任，如果这种不符合同情形是由于卖方违反他的某项义务所致，包括违反关于在一段时间内货物将继续适用于其通常使用的目的或某种特定目的，或将保持某种特定质量或性质的任何保证。"

11. 甲公司的营业所在甲国，乙公司的营业所在中国，甲国和中国均为《联合国国际货物销售合同公约》的当事国。甲公司将一批货物卖给乙公司，该批货物通过海运运输。货物运输途中，乙公司将货物转卖给了中国丙公司。根据该公约，下列哪些选项是正确的？(2012-1-80，多)[2]

A. 甲公司出售的货物，必须是第三方依中国知识产权不能主张任何权利的货物

B. 甲公司出售的货物，必须是第三方依中国或者甲国知识产权均不能主张任何权利的

[1] BD [2] AC

货物

    C. 乙公司转售的货物，自双方合同成立时风险转移

    D. 乙公司转售的货物，自乙公司向丙公司交付时风险转移

【考点】 卖方知识产权担保义务、在途货物风险转移时间

【解析】 A正确，B错误。甲公司出售的货物，转卖给中国的丙公司，该货物是否侵犯第三人的知识产权必须要依照中国的知识产权法规定，并不要求符合卖方国家的知识产权法规定。根据《联合国国际货物销售合同公约》，卖方所交付的货物，必须是第三方不能依工业产权或其他知识产权主张任何权利或要求的货物。但同时对卖方知识产权担保义务又作了限制性规定，即卖方无须对其出售的货物担保不得侵犯全世界任何一个知识产权人的权利，主要包括：（1）地域限制：第一，货物使用地或转售地国家的法律，即第三人的请求必须是依货物使用地或转售地国家法律提出的，如果双方在订立合同时，没有规定货物的最终使用地或转卖地，则卖方对买方不承担向不知名的转卖地转卖的知识产权的担保义务；第二，依买方营业地所在国法律，即第三人的请求必须是依买方营业地所在国的法律提出的，换言之，如果双方没有确定货物的最终使用地或者转卖地，则卖方只对那些依买方营业地所在国的法律提出的请求向买方负责。（2）主观限制：卖方在下列两种情形下，免除其知识产权担保义务。第一，双方在订立合同时已知或不可能不知道此项权利或要求；第二，此项权利或要求的发生，是由于卖方遵照买方所提供的技术图样、图案、款式或其他规格的结果。

    C正确，D错误。根据《联合国国际货物销售合同公约》，在途运输货物销售，风险自买卖合同成立时转移。

12. 中国伟业公司与甲国利德公司签订了采取铁路运输方式由中国出口一批货物的合同。后甲国法律发生变化，利德公司在收货后又自行将该批货物转卖到乙国，现乙国一公司声称该批货物侵犯了其知识产权。中国和甲国均为《国际货物销售合同公约》和《国际铁路货物联运协定》缔约国。依相关规则，下列哪一选项是正确的？（2017 - 1 - 40，单）[1]

    A. 伟业公司不承担该批货物在乙国的知识产权担保义务

    B. 该批货物的风险应于订立合同时由伟业公司转移给利德公司

    C. 铁路运输承运人的责任期间是从货物装上火车时起至卸下时止

    D. 不同铁路运输区段的承运人应分别对在该区段发生的货损承担责任

【考点】 卖方知识产权担保义务、国际货物买卖的风险转移、国际铁路货物运输承运人的责任

【解析】《联合国国际货物销售合同公约》第42条第1款规定："（1）卖方所交付的货物，必须是第三方不能根据工业产权或其他知识产权主张任何权利或要求的货物，但以卖方在订立合同时已知道或不可能不知道的权利或要求为限，而且这种权利或要求根据以下国家的法律规定是以工业产权或其他知识产权为基础的：（a）如果双方当事人在订立合同时预期货物将在某一国境内转售或做其他使用，则根据货物将在其境内转售或做其他使用的国家的法律；或者（b）在任何其他情况下，根据买方营业地所在国家的法律。"利德公司是自行将该批货物转卖到乙国，不在伟业公司预期之内，故伟业公司不承担该批货物在乙国的知识产权担保义务。A正确。

    货物风险原则上自"交货时"转移。B错误。

    根据《国际铁路货物联运协定》，承运人责任期间为签发运单时起至终点交付货物时止。

---

[1] A

C 错误。

根据《国际铁路货物联运协定》，按运单承运货物的铁路部门应对货物负连带责任。D 错误。

13. 中国甲公司和某外国乙公司签订合同出口一批瓷器，双方约定采用 CIF2010 术语规范双方之间的合同。货物运到该国时恰逢该国内乱，导致部分货物受损。中国和该国均是《1980 年联合国国际货物销售合同公约》的缔约国。下列说法正确的是：(2019 – 回忆版，单)〔1〕

    A. 乙公司无需支付该损毁货物的货款

    B. 鉴于该国的环境，甲公司有义务投保一切险和战争险

    C. 在没有特别约定的情况下，甲公司只需投保平安险

    D. 乙公司在没有机会验货的情况下，可以不付款

【考点】《联合国国际货物销售合同公约》、CIF2010

【解析】 根据题目中的表述，甲公司为卖方，乙公司为买方。

A 错误。本题中的术语下，风险在装运地就已经从卖方转移到了买方。既然买方承担风险，乙公司显然有义务支付该批货物的货款。

B 错误。甲公司有购买保险的义务是正确的。但在没有特殊约定的情况下，仅需要购买最基础的平安险即可。

C 正确。参见 B 项解析。

D 错误。根据《联合国国际货物销售合同公约》，买方应该按照约定或者在收到货物的合理时间内付款。本题合同中并未说明验收为付款的条件，显然不能够将验货作为付款条件。

14. 中国 A 公司从甲国 B 公司进口一批电子设备，合同中约定了设备规格，并选用了 DPU 术语。A 公司制作好样品后，将样品邮寄至 B 公司，请求确认并按照样品履行，B 公司收到样品后确认收到并回复："请依合同履行。"设备到货后与样品相符，但与合同不符，中国 A 公司要求甲国 B 公司承担违约责任。中国和甲国都是 1980 年《联合国国际货物销售合同公约》的缔约国，下列哪些选项判断是正确的？(2020 – 回忆版，多)〔2〕

    A. 甲国 B 公司应承担违约责任，因其交付的设备不符合同约定规格

    B. 甲国 B 公司不应承担违约责任，因其交付的设备与其提供的样品相符

    C. 本案货物风险自货交第一承运人时转移

    D. 甲国 B 公司须在指定目的地，或者在该指定目的地内的约定交货点交货

【考点】《2020 年通则》《联合国国际货物销售合同公约》

【解析】 卖方必须在约定日期或期限内，在指定目的地的约定地点（如有），以将货物从抵达的运输工具上卸下并交由买方处置，或以取得已经如此交付的货物的方式交货。C 错误，D 正确。

根据《联合国国际货物销售合同公约》第 35 条第 1 款，卖方交付的货物必须与合同规定的数量、质量和规格相符，并须按照合同所规定的方式装箱或包装。在合同没有对数量、质量、规格和包装作出明确规定的情况下，则应依《联合国国际货物销售合同公约》第 35 条第 2 款的规定："……（c）货物的质量与卖方向买方提供的货物样品或样式相同。"且题中 B 公司回复为：依合同履行。A 正确。

---

〔1〕 C 〔2〕 AD

三、违反合同的补救办法（根本违约）

15. 甲公司（卖方）与乙公司订立了国际货物买卖合同。由于甲公司在履约中出现违反合同的情形，乙公司决定宣告合同无效，解除合同。依据《联合国国际货物销售合同公约》，下列哪些选项是正确的？（2010－1－86，多）[1]

A. 宣告合同无效意味着解除了甲乙二公司在合同中的义务

B. 宣告合同无效意味着解除了甲公司损害赔偿的责任

C. 双方在合同中约定的争议解决条款也因宣告合同无效而归于无效

D. 如甲公司应归还价款，它应同时支付相应的利息

【考点】违约救济——根本违约、解除合同的法律后果

【解析】A正确，B错误，C错误。《联合国国际货物销售合同公约》第81条第1款规定："宣告合同无效解除了双方在合同中的义务，但应负责的任何损害赔偿仍应负责。宣告合同无效不影响合同关于解决争端的任何规定，也不影响合同中关于双方在宣告合同无效后权利和义务的任何其他规定。"

D正确。《联合国国际货物销售合同公约》第84条第1款规定："如果卖方有义务归还价款，他必须同时从支付价款之日起支付价款利息。"

16. 甲公司（卖方）与乙公司于2007年10月签订了两份同一种农产品的国际贸易合同，约定交货期分别为2008年1月底和3月中旬，采用付款交单方式。甲公司依约将第一份合同项下的货物发运后，乙公司以资金周转困难为由，要求变更付款方式为货到后30天付款。甲公司无奈同意该变更。乙公司未依约付款，并以资金紧张为由再次要求延期付款。甲公司未再发运第二个合同项下的货物并提起仲裁。根据《联合国国际货物销售合同公约》，下列哪一选项是正确的？（2010－1－40，单）[2]

A. 乙公司应以付款交单的方式支付货款

B. 甲公司不发运第二份合同项下货物的行为构成违约

C. 甲公司可以停止发运第二份合同项下的货物，但应及时通知乙公司

D. 如乙公司提供了付款的充分保证，甲公司仍可拒绝发货

【考点】预期违约与中止履行合同

【解析】A错误。甲乙公司于中途对付款方式作了变更，甲乙公司应以变更后付款方式支付货款。

B错误。乙公司迟延不履行第一份合同的付款义务，甲公司基于此有权认定乙公司对第二份合同付款义务的履行缺乏保证，故甲公司有权中止第二份合同的履行，不构成违约。

C正确。涉及中止方的义务，公约规定中止履行的一方当事人不论是在货物发运前还是发运后，都必须通知另一方当事人。

D错误。被中止方当事人提供了履行合同义务的充分保证，中止履行结束。

17. 甲公司（买方）与乙公司订立了一份国际货物买卖合同。后因遇到无法预见与不能克服的障碍，乙公司未能按照合同履行交货义务，但未在合理时间内将此情况通知甲公司。甲公司直到交货期过后才得知此事。乙公司的行为使甲公司遭受了损失。依《联合国国际货物销售合同公约》，下列哪些表述是正确的？（2010－1－87，多）[3]

A. 乙公司可以解除合同，但应把障碍及其影响及时通知甲公司

B. 乙公司解除合同后，不再对甲公司的损失承担赔偿责任

---

[1] AD [2] C [3] AD

C. 乙公司不交货，无论何种原因均属违约

D. 甲公司有权就乙公司未通知有关情况而遭受的损失请求赔偿

【考点】 非所能控制的障碍、免责

【解析】 A 正确。根据《联合国国际货物销售合同公约》第 79 条第 4 款，不履行义务的一方必须将障碍及其对他履行义务能力的影响通知另一方。

B 错误，D 正确。如果对方在不履行义务的一方已知道或理应知道此一障碍后一段合理时间仍未收到通知，则不履行义务的一方对由于对方未收到通知而造成的损害应负赔偿责任。

C 错误。当事人对不履行义务，不负责任，如果他能证明此种不履行义务，是由于当事人不能控制的障碍所致；这种障碍是不履行一方在订立合同时不能预见的；这种障碍是当事人不能避免或不能克服的。

18. 中国甲公司与德国乙公司签订了进口设备合同，分三批运输。两批顺利履约后乙公司得知甲公司履约能力出现严重问题，便中止了第三批的发运。依《国际货物销售合同公约》，下列哪一选项是正确的？（2016 - 1 - 40，单）[1]

A. 如已履约的进口设备在使用中引起人身伤亡，则应依公约的规定进行处理

B. 乙公司中止发运第三批设备必须通知甲公司

C. 乙公司在任何情况下均不应中止发运第三批设备

D. 如甲公司向乙公司提供了充分的履约担保，乙公司可依情况决定是否继续发运第三批设备

【考点】 预期违约与中止履行合同

【解析】 A 错误。《联合国国际货物销售合同公约》第 5 条规定："本公约不适用于卖方对于货物对任何人所造成的死亡或伤害的责任。"在此，公约不涉及设备引起的人身伤亡的法律问题，因此不应依公约处理。

B 正确。C、D 错误。《联合国国际货物销售合同公约》第 71 条规定："如果订立合同后，另一方当事人由于下列原因显然将不履行其大部分重要义务，一方当事人可以中止履行义务：(a) 他履行义务的能力或他的信用有严重缺陷；或（b）他在准备履行合同或履行合同中的行为。……中止履行义务的一方当事人不论是在货物发运前还是发运后，都必须立即通知另一方当事人，如经另一方当事人对履行义务提供充分保证，则他必须继续履行义务。"

由此，在甲公司履约能力出现严重问题的情形下，乙公司可以中止履行义务，即中止发运第三批设备。C 错误。但乙公司在中止履行义务之前有立即通知对方的义务。B 正确。如甲公司向乙公司提供了充分的履约担保，则乙公司必须继续履行义务。D 错误。

---

[1] B

第二章 国际货物运输与保险

第一节 国际货物运输

1. 一批货物由甲公司运往中国青岛港，运输合同适用《海牙规则》。运输途中因雷击烧毁部分货物，其余货物在目的港被乙公司以副本提单加保函提走。丙公司为该批货物正本提单持有人。根据《海牙规则》和我国相关法律规定，下列哪一选项是正确的？（2010 - 1 - 45，单）[1]

A. 甲公司应对雷击造成的货损承担赔偿责任，因损失在其责任期间发生

B. 甲公司可限制因无正本提单交货的赔偿责任

C. 丙公司可要求甲公司和乙公司承担连带赔偿责任

D. 甲公司应以货物成本加利润赔偿因无正本提单交货造成的损失

【考点】承运人的免责、无单放货承运人责任

【解析】A 错误。雷击属于自然灾害造成的损害，根据《海牙规则》，自然灾害造成的风险承运人可以免责。

B 错误。根据《最高人民法院关于审理无正本提单交付货物案件适用法律若干问题的规定》，承运人无单放货不能享受赔偿责任限制。

C 正确。正本提单持有人可以要求承运人与无正本提单提取货物的人承担连带赔偿责任。

D 错误。承运人的损失赔偿额，按照货物装船时的价值加运费和保险费计算。

2. 中国甲公司通过海运从某国进口一批服装，承运人为乙公司，提单收货人一栏写明"凭指示"。甲公司持正本提单到目的港提货时，发现货物已由丙公司以副本提单加保函提取。甲公司与丙公司达成了货款支付协议，但随后丙公司破产。甲公司无法获赔，转而向乙公司索赔。根据我国相关法律规定，关于本案，下列哪一选项是正确的？（2011 - 1 - 40，单）[2]

A. 本案中正本提单的转让无需背书

B. 货物是由丙公司提走的，故甲公司不能向乙公司索赔

C. 甲公司与丙公司虽已达成货款支付协议，但未得到赔付，不影响甲公司要求乙公司承担责任

D. 乙公司应当在责任限制的范围内承担因无单放货造成的损失

【考点】无正本提单交付货物问题

【解析】A 错误。指示提单必须经过背书才能转让。

---

〔1〕 C 〔2〕 C

B 错误。乙公司作为承运人无单放货，甲公司作为正本提单持有人当然可以向乙公司索赔。

C 正确。在承运人未凭正本提单交付货物后，正本提单持有人与无正本提单提取货物的人就货款支付达成协议，在协议款项得不到赔付时，不影响正本提单持有人就其遭受的损失，要求承运人承担无正本提单交付货物的民事责任。

D 错误。《最高人民法院关于审理无正本提单交付货物案件适用法律若干问题的规定》第4条规定："承运人因无正本提单交付货物承担民事责任的，不适用海商法第五十六条关于限制赔偿责任的规定。"承运人无单放货，则其不能享受赔偿责任限制。

3. 中国甲公司从国外购货，取得了代表货物的单据，其中提单上记载"凭指示"字样，交货地点为某国远东港，承运人为中国乙公司。当甲公司凭正本提单到远东港提货时，被乙公司告知货物已不在其手中。后甲公司在中国法院对乙公司提起索赔诉讼。乙公司在下列哪些情形下可免除交货责任？（2013 - 1 - 81，多）〔1〕

A. 在甲公司提货前，货物已被同样持有正本提单的某公司提走
B. 乙公司按照提单托运人的要求返还了货物
C. 根据某国法律要求，货物交给了远东港管理当局
D. 货物超过法定期限无人向某国海关申报，被海关提取并变卖

【考点】 无单放货

【解析】 A 正确。《最高人民法院关于审理无正本提单交付货物案件适用法律若干问题的规定》第10条规定："承运人签发一式数份正本提单，向最先提交正本提单的人交付货物后，其他持有相同正本提单的人要求承运人承担无正本提单交付货物民事责任的，人民法院不予支持。"

B 错误。上述规定第12条规定："向承运人实际交付货物并持有指示提单的托运人，虽然在正本提单上没有载明其托运人身份，因承运人无正本提单交付货物，要求承运人依据海上货物运输合同承担无正本提单交付货物民事责任的，人民法院应予支持。"

C 正确。上述规定第7条规定："承运人依照提单载明的卸货港所在地法律规定，必须将承运到港的货物交付给当地海关或者港口当局的，不承担无正本提单交付货物的民事责任。"

D 正确。上述规定第8条规定："承运到港的货物超过法律规定期限无人向海关申报，被海关提取并依法变卖处理，或者法院依法裁定拍卖承运人留置的货物，承运人主张免除交付货物责任的，人民法院应予支持。"

4. 两批化妆品从韩国由大洋公司"清田"号货轮运到中国，适用《海牙规则》，货物投保了平安险。第一批货物因"清田"号过失与他船相碰致部分货物受损，第二批货物收货人在持正本提单提货时，发现已被他人提走。争议诉至中国某法院。根据相关规则及司法解释，下列哪些选项是正确的？（2014 - 1 - 81，多）〔2〕

A. 第一批货物受损虽由"清田"号过失碰撞所致，但承运人仍可免责
B. 碰撞导致第一批货物的损失属于保险公司赔偿的范围
C. 大洋公司应承担第二批货物无正本提单放货的责任，但可限制责任
D. 大洋公司对第二批货物的赔偿范围限于货物的价值加运费

【考点】 承运人责任和免责、平安险赔偿范围、无单放货法律责任

【解析】 A 正确。第一批货物因"清田"号过失与他船相碰致部分货物受损，属于航行过

---

〔1〕 ACD 〔2〕 AB

失。根据《海牙规则》，承运人就航行过失免责。航行过失免责是指船长、船员、引水员或承运人的雇佣人在驾驶或管理船舶中的行为、疏忽或不履行职责造成的货物损失承运人可以免责。

B正确。碰撞导致第一批货物的损失属于平安险承保范围内的"运输工具搁浅触礁、沉没、互撞以及失火、爆炸等意外事故造成的货物全部或部分损失"，属于赔偿范围。

C错误。大洋公司作为承运人应当承担第二批货物无正本提单放货的责任，且不限制责任。《最高人民法院关于审理无正本提单交付货物案件适用法律若干问题的规定》明确了在承运人无正本提单交付货物的情况下，正本提单持有人可以要求承运人与取货的人承担连带赔偿责任。承运人无单放货，正本提单持有人可以要求承运人承担违约责任，或者承担侵权责任；承运人的赔偿额为货物装船时的价值加运费和保险费，不适用海事赔偿责任限制的规定。

D错误。大洋公司的赔偿范围为货物装船时的价值加运费和保险费。

5. 青田轮承运一批啤酒花从中国运往欧洲某港，货物投保了一切险，提单上的收货人一栏写明"凭指示"，因生产过程中水分过大，啤酒花到目的港时已变质。依《海牙规则》及相关保险规则，下列哪一选项是正确的？（2015-1-41，单）[1]

A. 承运人没有尽到途中管货的义务，应承担货物途中变质的赔偿责任

B. 因货物投保了一切险，保险人应承担货物变质的赔偿责任

C. 本提单可通过交付进行转让

D. 承运人对啤酒花的变质可以免责

【考点】指示提单、承运人的责任和免责、保险责任

【解析】A错误。本案货物损失承运人无过失，可以免责。

B错误。本案货物损失属于保险标的物的本身缺陷所致，属于保险人除外责任，保险公司无赔偿责任。

C错误。提单上的收货人一栏写明"凭指示"，说明本案提单为指示提单，可以转让但是需要背书。

6. 中国某公司进口了一批仪器，采取海运方式并投保了水渍险，提单上的收货人一栏写明"凭指示"的字样。途中因船方过失致货轮与他船相撞，部分仪器受损。依《海牙规则》及相关保险条款，下列哪一选项是正确的？（2017-1-41，单）[2]

A. 该提单交付即可转让

B. 因船舶碰撞是由船方过失导致，故承运人应对仪器受损承担赔偿责任

C. 保险人应向货主赔偿部分仪器受损的损失

D. 承运人的责任期间是从其接收货物时起至交付货物时止

【考点】提单种类、海运承运人货损责任、责任期间、海洋运输货物保险险别

【解析】提单上的收货人一栏写明"凭指示"，说明为指示提单，须经背书方式转让。A错误。

根据《海牙规则》，承运人可以援引航行过失免责。B错误。

船舶碰撞是保险关系中的意外事故，水渍险的承保范围包括意外事故导致的损失。C正确。

根据《海牙规则》，承运人的责任期间为"装到卸"。D错误。

---

[1] D [2] C

7. 中国甲公司向波兰乙公司出口一批电器，采用 DAP 术语，通过几个区段的国际铁路运输，承运人签发了铁路运单，货到目的地后发现有部分损坏。依相关国际惯例及《国际铁路货物联运协定》，下列哪些选项是正确的？(2016－1－80，多)[1]

A. 乙公司必须确定损失发生的区段，并只能向该区段的承运人索赔

B. 铁路运单是物权凭证，乙公司可通过转让运单转让货物

C. 甲公司在指定目的地运输终端将仍处于运输工具上的货物交由乙公司处置时，即完成交货

D. 各铁路区段的承运人应承担连带责任

【考点】 其他方式的国际货物运输

【解析】 A 错误，D 正确。《国际铁路货物联运协定》第 21 条规定："按国际货协运单承运货物的铁路，应负责完成货物的全程运送，直到在到站交付货物时为止……每一继续运送的铁路，自接收附有运单的货物时起，即作为参加这项运送合同，并承担因此而发生的义务。"几个区段的铁路承运人应承担连带责任。

B 错误。铁路运单是由铁路运输承运人签发的货运单据，是收、发货人同铁路之间的运输契约。一般一式两份，正本随货物同行，到目的地交收货人作为提货通知；副本交托运人作为收到托运货物的收据。在铁路运单的收货人栏都需要填写准确的收货人名称，以方便验证提货。故铁路运单的性质与提单不同，它只是运输契约的证明和承运人收到货物的凭证，不是物权凭证，客户不能根据单据提货，也不能通过转让单据来转让货物，而只能凭发货人和船公司约定好的提货通知提货。

C 正确。采用 DAP（指定目的地交货）术语时，卖方只需要将货物在指定目的地交给买方即可，毋需承担将货物从运输工具上卸下的义务。

8. 中国甲公司从意大利乙公司进口一批珠宝。乙公司委托货运代理公司安排了航空运输，但因为飞机故障，飞机在航空站以外的地点降落导致货物受损。根据《华沙公约》和我国法律的有关规定，下列说法正确的是：(2019－回忆版，单)[2]

A. 航空运单不是物权凭证

B. 乙公司和航空货运代理公司因安排航空运输产生的纠纷应适用意大利法律

C. 航空公司对飞机在航空站外地点停降造成的损失免责

D. 飞机在航空站外停降造成的损失应该由买方承担

【考点】 其他方式的国际货物运输

【解析】 A 正确。在目前我们接触到的运输单证中，只有提单是物权凭证。航空运单、海运单和铁路运单均不是物权凭证。

B 错误。乙公司和代理公司之间的关系属于代理的内部关系，首先应该适用双方当事人选择的法律，未选择时适用代理关系发生地法律。B 项中忽略了选择。

C 错误。根据规定，航空公司对货物在整个运输期间内造成的损失负责，航空运输期间包括货物在承运人保管下的整个期间，不论在航空站内、在航空器上或在航空站外降停的任何地点。

D 错误。参见 C 项解析。

---

[1] CD [2] A

第二节　国际货物运输保险

9. 关于海洋运输货物保险，下列哪一选项是正确的？（2010 - 1 - 43，单）[1]

A. 平安险项下赔偿的因自然灾害造成的全部损失只包括实际全损

B. 保险人的责任期间自保险合同订立时开始

C. 与平安险相比，水渍险的保险范围还包括因自然灾害造成的保险标的的部分损失

D. 附加险别可独立承保

【考点】 海洋运输货物保险险别、基本险和附加险

【解析】 A 错误。平安险项下赔偿的因自然灾害造成的全部损失不仅包括实际全损，还包括推定全损。

B 错误。国际保险业通用的"仓至仓条款"（W/W Clause）。根据该条款，保险人的保险责任自被保险货物运离保险单所载明的起运地仓库或储存处所开始运输时生效，直到该项货物到达保险单所载明目的地收货人的最后仓库或储存处所或被保险人用作分配、分派或非正常运输的其他储存处为止。如未抵达上述目的地，则在货物于最后卸载港全部卸离海轮后 60 天为止。在上述 60 天内如再需转运，则开始转运时保险责任终止。

C 正确。水渍险的责任范围除了包括上列"平安险"的各项责任外，还负责被保险货物由于恶劣气候、雷电、海啸、地震、洪水等自然灾害所造成的部分损失。

D 错误。附加险别不可独立承保。

10. 中国甲公司与某国乙公司签订茶叶出口合同，并投保水渍险，议定由丙公司"天然"号货轮承运。下列哪些选项属于保险公司应赔偿范围？（2011 - 1 - 80，多）[2]

A. 运输中因茶叶串味等外来原因造成货损

B. 运输中因"天然"号过失与另一轮船相撞造成货损

C. 运输延迟造成货损

D. 运输中因遭遇台风造成部分货损

【考点】 水渍险的承保范围

【解析】 A 错误。水渍险不承保因串味等外来原因造成的货物损失。

B 正确，D 正确。水渍险的责任范围除了包括上列"平安险"的各项责任外，还负责被保险货物由于恶劣气候、雷电、海啸、地震、洪水等自然灾害所造成的部分损失。故台风造成的部分损失属于水渍险的范围。

C 错误。保险公司的除外责任，包括：被保险货物的自然损耗、本质缺陷、特性以及市价跌落、运输延迟所造成的损失和费用。

11. 甲国 A 公司向乙国 B 公司出口一批货物，双方约定适用 2010 年《国际贸易术语解释通则》中 CIF 术语。该批货物由丙国 C 公司"乐安"号商船承运，运输途中船舶搁浅，为起浮抛弃了部分货物。船舶起浮后继续航行中又因恶劣天气，部分货物被海浪打入海中。到目的港后发现还有部分货物因固有缺陷而损失。该批货物投保了平安险，关于运输中的相关损失的认定及赔偿，依《海牙规则》，下列选项正确的是（2012 - 1 - 100，不定项）[3]

A. 为起浮抛弃货物造成的损失属于共同海损

---

[1]　C　[2]　BD　[3]　AB

B. 因恶劣天气部分货物被打入海中的损失属于单独海损

C. 保险人应赔偿共同海损和因恶劣天气造成的单独海损

D. 承运人对因固有缺陷损失的货物免责，保险人应承担赔偿责任

【考点】 共同海损

【解析】 A 正确。平安险承保共同海损的牺牲、分摊和救助费用。

B 正确。由于恶劣天气部分货物被打入海中的损失属于单独海损。

C 错误。平安险下保险人不赔偿由于恶劣天气造成的货物的部分损失。

D 错误。固有缺陷造成货物损失属于保险人的除外责任，保险公司不赔。

12. 甲公司向乙公司出口一批货物，由丙公司承运，投保了中国人民保险公司的平安险。在装运港装卸时，一包货物落入海中。海运途中，因船长过失触礁造成货物部分损失。货物最后延迟到达目的港。依《海牙规则》及国际海洋运输保险实践，关于相关损失的赔偿，下列哪些选项是正确的？（2013 - 1 - 82，多）[1]

A. 对装卸过程中的货物损失，保险人应承担赔偿责任

B. 对船长驾船过失导致的货物损失，保险人应承担赔偿责任

C. 对运输延迟造成的损失，保险人应承担赔偿责任

D. 对船长驾船过失导致的货物损失，承运人可以免责

【考点】 平安险范围

【解析】 A 正确。平安险包括整件货物落海造成的损失。

B 正确。对船长驾船过失导致的货物损失，属于平安险范围，平安险包括由于运输工具遭遇搁浅、触礁、沉没、互撞、与流冰或其他物体碰撞以及失火、爆炸等意外事故造成被保险货物的全部或部分损失。

C 错误。这是保险公司的除外责任，不负赔偿责任，包括：被保险货物的自然损耗、本质缺陷、特性以及市价跌落、运输延迟所造成的损失和费用。

D 正确。根据《海牙规则》，船长驾船过失导致的货物损失，承运人可以免责。

13. 中国三泰公司与西班牙甲公司签订合同进口一批货物，合同选用了《2020 年国际贸易术语解释通则》中的 CIF 术语，同时约定甲公司应为该批货物投保水渍险。甲公司将货物交承运人装船后，承运人签发了清洁提单（选用《海牙规则》）。后在海运途中货物因遭遇恶劣天气部分毁损，中国和西班牙均为《联合国国际货物销售合同公约》缔约国。下列哪项判断是正确的？（2021 - 回忆版，单）[2]

A. 甲公司应为该批货物投保一切险

B. 承运人应赔偿货物损失

C. 保险公司应赔偿货物损失

D. 因货物部分毁损，中国三泰公司有权要求减价

【考点】 海牙规则、海洋运输货物保险条款

【解析】 A 错误。CIF 意为"成本，保险费加运费（指定目的港）"，在此术语下，卖方需办理运输中的保险，但仅需投保最低险别，即平安险。在《2020 年通则》下，对此术语的保险险种要求并没有变化。

B 错误。根据《海牙规则》，不论承运人或船舶，对由于下列原因引起或造成的灭失或损坏，都不负责：（1）船长、船员、引水员或承运人的雇佣人员，在驾驶船舶或管理船舶中的行为、疏

---

[1] ABD [2] C

忽或不履行义务；（2）火灾，但由于承运人的实际过失或私谋所引起的除外；（3）海上或其它可航水域的灾难、危险和意外事故；（4）天灾；（5）战争行为；（6）公敌行为；（7）君主、当权者或人民的扣留或管制，或依法扣押；（8）检疫限制；（9）托运人或货主、其代理人或代表的行为或不行为；（10）不论由于任何原因所引起的局部或全面罢工、关厂停止或限制工作；（11）暴动和骚乱；（12）救助或企图救助海上人命或财产；（13）由于货物的固有缺点、质量或缺陷引起的体积或重量亏损，或任何其它灭失或损坏；（14）包装不充分；（15）标志不清或不当；（16）虽克尽职责亦不能发现的潜在缺点；（17）非由于承运人的实际过失或私谋，或者承运人的代理人或雇佣人员的过失或疏忽所引起的其它任何原因。本题中承运人不承担责任，此为无过失免责。

C 正确。海上货物运输保险基本险别包括平安险、水渍险和一切险。水渍险的责任范围除了包括"平安险"的各项责任外，还负责被保险货物由于自然灾害所造成的部分损失，也就是说，水渍险 = 平安险 + 单独海损。本题中遭遇了恶劣天气，属于水渍险保险范围。保险公司应该赔偿。

D 错误。根据《联合国国际货物销售合同公约》第 66 条，货物在风险转移到买方承担后遗失或损坏的，买方支付货款的义务并不因此解除。除非这种损坏或遗失是由于卖方的行为或不行为造成的。CIF 术语下，货物灭失或损坏的风险在货物交到船上时发生转移。在本题中风险发生在运输途中。此时，货物风险已经转移给买方，买方无权要求减价。

第三章　国际贸易支付

国际贸易的支付方式（信用证）

1. 中国甲公司（卖方）与某国乙公司签订了国际货物买卖合同，规定采用信用证方式付款，由设在中国境内的丙银行通知并保兑。信用证开立之后，甲公司在货物已经装运，并准备将有关单据交银行议付时，接到丙银行通知，称开证行已宣告破产，丙银行将不承担对该信用证的议付或付款责任。据此，下列选项正确的是：（2010－1－100，不定项）[1]

A. 乙公司应为信用证项下汇票上的付款人

B. 丙银行的保兑义务并不因开证行的破产而免除

C. 因开证行已破产，甲公司应直接向乙公司收取货款

D. 虽然开证行破产，甲公司仍可依信用证向丙银行交单并要求付款

【考点】信用证纠纷的法律适用

【解析】A 错误。信用证项下汇票的付款人可以是开证行、付款行、保兑行或通知行。

B 正确，C 错误，D 正确，保兑行承担第一付款人责任。

2. 根据《最高人民法院关于审理信用证纠纷案件若干问题的规定》，中国法院认定存在信用证欺诈的，应当裁定中止支付或者判决终止支付信用证项下款项，但存在除外情形。关于除外情形，下列哪些表述是正确的？（2012－1－81，多）[2]

A. 开证行的指定人、授权人已按照开证行的指令善意地进行了付款

B. 开证行或者其指定人、授权人已对信用证项下票据善意地作出了承兑

C. 保兑行善意地履行了付款义务

D. 议付行善意地进行了议付

【考点】信用证欺诈例外的例外

【解析】《最高人民法院关于审理信用证纠纷案件若干问题的规定》第10条规定："人民法院认定存在信用证欺诈的，应当裁定中止支付或者判决终止支付信用证项下款项，但有下列情形之一的除外：

（一）开证行的指定人、授权人已按照开证行的指令善意地进行了付款；

（二）开证行或者其指定人、授权人已对信用证项下票据善意地作出了承兑；

（三）保兑行善意地履行了付款义务；

（四）议付行善意地进行了议付。"

---

[1]　BD　[2]　ABCD

根据上述规定可知, ABCD 正确。

3. 中国甲公司从某国乙公司进口一批货物, 委托中国丙银行出具一份不可撤销信用证。乙公司发货后持单据向丙银行指定的丁银行请求付款, 银行审单时发现单据上记载内容和信用证不完全一致。乙公司称甲公司接受此不符点, 丙银行经与甲公司沟通, 证实了该说法, 即指示丁银行付款。后甲公司得知乙公司所发货物无价值, 遂向有管辖权的中国法院申请中止支付信用证项下的款项。下列说法正确的是: (2013 - 1 - 100, 不定项)[1]

A. 甲公司已接受不符点, 丙银行必须承担付款责任

B. 乙公司行为构成信用证欺诈

C. 即使丁银行已付款, 法院仍应裁定丙银行中止支付

D. 丙银行发现单证存在不符点, 有义务联系甲公司征询是否接受不符点

【考点】 信用证欺诈例外的例外

【解析】 A 错误。根据信用证独立原则, 在单证不符时, 即使申请人放弃对单证一致的要求, 开证行依然有权对受益人拒付。《最高人民法院关于审理信用证纠纷案件若干问题的规定》第 7 条规定: "开证行有独立审查单据的权利和义务, 有权自行作出单据与信用证条款、单据与单据之间是否在表面上相符的决定, 并自行决定接受或者拒绝接受单据与信用证条款、单据与单据之间的不符点。"

开证行发现信用证项下存在不符点后, 可以自行决定是否联系开证申请人接受不符点。开证申请人决定是否接受不符点, 并不影响开证行最终决定是否接受不符点。开证行和开证申请人另有约定的除外。

开证行向受益人明确表示接受不符点的, 应当承担付款责任。

开证行拒绝接受不符点时, 受益人以开证申请人已接受不符点为由要求开证行承担信用证项下付款责任的, 人民法院不予支持。"

B 正确。《最高人民法院关于审理信用证纠纷案件若干问题的规定》第 8 条规定: "凡有下列情形之一的, 应当认定存在信用证欺诈:

(一) 受益人伪造单据或者提交记载内容虚假的单据;

(二) 受益人恶意不交付货物或者交付的货物无价值;

(三) 受益人和开证申请人或者其他第三方串通提交假单据, 而没有真实的基础交易;

(四) 其他进行信用证欺诈的情形。"

C 错误。《最高人民法院关于审理信用证纠纷案件若干问题的规定》第 10 条规定: "人民法院认定存在信用证欺诈的, 应当裁定中止支付或者判决终止支付信用证项下款项, 但有下列情形之一的除外:

(一) 开证行的指定人、授权人已按照开证行的指令善意地进行了付款;

(二) 开证行或者其指定人、授权人已对信用证项下票据善意地作出了承兑;

(三) 保兑行善意地履行了付款义务;

(四) 议付行善意地进行了议付。"

D 错误。开证行自己决定是否联系开证申请人接受不符点, 不是必须履行的义务。根据《最高人民法院关于审理信用证纠纷案件若干问题的规定》第 7 条规定, 开证行发现信用证项下存在不符点后, 可以自行决定是否联系开证申请人接受不符点。

---

[1] B

4. 中国甲公司与德国乙公司签订了出口红枣的合同，约定品质为二级，信用证方式支付。后因库存二级红枣缺货，甲公司自行改装一级红枣，虽发票注明品质为一级，货价仍以二级计收。但在银行办理结汇时遭拒付。根据相关公约和惯例，下列哪些选项是正确的？（2014－1－80，多）[1]

A. 甲公司应承担交货不符的责任

B. 银行应在审查货物的真实等级后再决定是否收单付款

C. 银行可以发票与信用证不符为由拒绝收单付款

D. 银行应对单据记载的发货人甲公司的诚信负责

【考点】UCP600 规定

【解析】A 正确。甲公司作为信用证的受益人接受了信用证，就承担了按买卖合同交货的义务。甲公司自行改装一级红枣，并在发票注明品质为一级，而约定的品质为二级，属于交货不符，须承担交货不符的责任。

B 错误，D 错误。根据 UCP600，银行对于单据有效性是免责的。银行只审查单据的表面，不审查实质。银行对任何单据所代表的货物、服务或其他履约行为的描述、数量、重量、品质、状况、包装、交付、价值或其存在与否，或对发货人、承运人、货运代理人、收货人、货物的保险人或其他任何人的诚信与否、作为或不作为、清偿能力、履约或资信状况，概不负责。

C 正确。银行的义务是在单证一致、单单一致条件下付款。单证一致原则是指受益人提交的单据必须在表面上符合信用证条款、单据之间应互相一致，否则银行有权拒绝受益人提交的单据，并拒绝付款、承兑或议付。

5. 依最高人民法院《关于审理信用证纠纷案件若干问题的规定》，出现下列哪一情况时，不能再通过司法手段干预信用证项下的付款行为？（2015－1－42，单）[2]

A. 开证行的授权人已对信用证项下票据善意地作出了承兑

B. 受益人交付的货物无价值

C. 受益人和开证申请人串通提交假单据

D. 受益人提交记载内容虚假的单据

【考点】信用证欺诈例外

【解析】在信用证欺诈的情况下，法院发出止付令的条件有三：（1）有欺诈的确凿证据；（2）申请人提供了充分、可靠的担保；（3）任何一家关联银行没有善意的付款或承兑。若开证行的授权人已对信用证项下票据善意地做出了承兑，止付令颁发的条件就已不具备。《最高人民法院关于审理信用证纠纷案件若干问题的规定》第 10 条规定："人民法院认定存在信用证欺诈的，应当裁定中止支付或者判决终止支付信用证项下款项，但有下列情形之一的除外：

（一）开证行的指定人、授权人已按照开证行的指令善意地进行了付款；

（二）开证行或者其指定人、授权人已对信用证项下票据善意地作出了承兑；

（三）保兑行善意地履行了付款义务；

（四）议付行善意地进行了议付。"

6. 中国甲公司与法国乙公司订立了服装进口合同，信用证付款，丙银行保兑。货物由"铂丽"号承运，投保了平安险。甲公司知悉货物途中遇台风全损后，即通知开证行停止付款。依《海牙规则》、UCP600 号及相关规则，下列哪一选项是正确的？（2016－1－41，

---

[1] AC [2] A

单)〔1〕

A. 承运人应承担赔偿甲公司货损的责任

B. 开证行可拒付，因货已全损

C. 保险公司应赔偿甲公司货物的损失

D. 丙银行可因开证行拒付而撤销其保兑

【考点】《海牙规则》、信用证、国际海洋货物运输保险

【解析】 A 错误。根据《海牙规则》，承运人的免责共有 17 项，其中就包括"海上或其他能航水域的灾难、危险和意外事故"所引起或造成的灭失或损害，承运人不负责任。因此根据《海牙规则》，货物遇台风所受损失，承运人不负赔偿责任。

B、D 错误。根据信用证独立原则，银行有审单的权利和义务。若受益人提交的单据满足单证一致、单单一致的条件，开证行、保兑行应承担无条件付款的责任。故开证行不得因为货物全损而拒付，保兑行也不得因为开证行拒付而拒绝保兑。

C 正确。平安险承保海上风险造成的货物全部和部分损失。本题中投保了平安险的货物由于台风导致全损，保险公司应当赔偿。

7. 中国某公司进口了一批皮制品，信用证方式支付，以海运方式运输并投保了一切险。中国收货人持正本提单提货时发现货物已被他人提走。依相关司法解释和国际惯例，下列哪一选项是正确的？（2017 - 1 - 42，单)〔2〕

A. 承运人应赔偿收货人因其无单放货造成的货物成本加利润损失

B. 因该批货物已投保一切险，故保险人应对货主赔偿无单放货造成的损失

C. 因货物已放予他人，收货人不再需要向卖方支付信用证项下的货款

D. 如交单人提交的单证符合信用证的要求，银行即应付款

【考点】 无单放货、保险的险别、信用证

【解析】 承运人无正本提单交付货物造成正本提单持有人损失的赔偿额，按照货物装船时的价值加运费和保险费计算，即货物的 CIF 价格。A 错误。

虽然被保险人投保了一切险，包含货物在运输途中遭受自然灾害、意外事故，以及外来风险所致的损失。但是，承运人无单放货，不属于一切险的承保范围，保险公司无赔偿义务。B 错误。

本案支付方式为信用证，信用证下的付款责任仅为"单证、单单表面相符"，与基础交易无关。C 错误，D 正确。

8. 中国甲公司和非洲乙公司签订了一批出口机械设备的合同。由于两国之间没有直达航线，需要转船运输。合同约定了信用证方式付款。关于乙公司申请设立的信用证，下列哪些描述属于"软条款"信用证？（2019 - 回忆版，多)〔3〕

A. 信用证要求保兑

B. 信用证要求提单为已装船提单

C. 信用证规定：开证行必须在货物已经检验合格后付款

D. 信用证规定"禁止转船"

【考点】 信用证

【解析】 A 错误。保兑是第三方为开证行进行担保，这种方式可以增强信用证的偿付效力，不属于"软条款"。

---

〔1〕 C 〔2〕 D 〔3〕 CD

B错误。要求已装船提单属于正常的交易条件，也不属于"软条款"。

C正确。这属于对付款条件的限制。信用证本身最大的特点就是在受益人提交的单据符合要求的情况下，开证行必须付款。这个条件显然打破了上述规则，极大的弱化了信用证的偿付功能，属于"软条款"。

D正确。这属于对运输方式的限制，题目中已经明确说明由于客观条件的限制需要转船运输，信用证恰恰对这一点进行限制，其目的就在于弱化开证行的付款义务，属于"软条款"。

第四章　对外贸易管理制度

第一节　中国的对外贸易法

1. 中国人杨某和甲公司都从事某种商品的出口，该种商品在国外颇受欢迎，销量可观。后该种商品被列入我国出口管制清单，根据《对外贸易法》和《出口管制法》的相关规定，下列哪些判断是正确的？（2021 – 回忆版，多）[1]

A. 杨某作为个人不能从事对外贸易活动

B. 甲公司只有经有关部门审批方能从事对外贸易活动

C. 该种商品出口应申领出口许可证

D. 外国进口商不能擅自改变该种进口商品的最终用途

【考点】《对外贸易法》《出口管制法》

【解析】A 错误。外贸经营者指依法办理工商登记或者其他执业手续，依照对外贸易法或其他有关法律、行政法规的规定从事对外贸易经营活动的法人、其他组织或者个人。外贸经营者包括自然人。

B 错误。外贸经营权的获得实行登记制，法律、行政法规或者国务院对外贸易主管部门规定不需要登记的除外。并非为审批制。

C 正确。根据《出口管制法》第 12 条规定，国家对管制物项的出口实行许可制度。出口管制清单所列管制物项或者临时管制物项，出口经营者应当向国家出口管制管理部门申请许可。

D 正确。根据《出口管制法》第 16 条规定，管制物项的最终用户应当承诺，未经国家出口管制管理部门允许，不得擅自改变相关管制物项的最终用途或者向任何第三方转让。

第二节　贸易救济措施

2. 国内某产品生产商向我国商务部申请对从甲国进口的该产品进行反倾销调查。该产品的国内生产商共有 100 多家。根据我国相关法律规定，下列哪一选项是正确的？（2010 – 1 – 44，单）[2]

A. 任何一家该产品的国内生产商均可启动反倾销调查

---

〔1〕　CD　〔2〕　D

B. 商务部可强迫甲国出口商作出价格承诺

C. 如终裁决定确定的反倾销税高于临时反倾销税，甲国出口商应当补足

D. 反倾销税税额不应超过终裁决定确定的倾销幅度

【考点】反倾销调查和措施

【解析】A错误。反倾销调查发起主体：（1）国内产业或者代表国内产业的自然人、法人或者其他组织；（2）商务部。第一种主体提起反倾销调查的申请条件：

①申请调查的进口产品倾销、对国内产业造成损害、二者之间存在因果关系的证据；

②有足够的国内生产者的支持，在支持申请和反对申请的生产者中，支持者的产量占二者总产量的50%以上，同时不得低于国内同类产品总产量的25%。

B错误。商务部可以建议但不得强迫出口经营者作出价格承诺。

C错误，D正确。对实施临时反倾销税的期间追溯征收的，采取"多退少不补"原则，终裁决定确定的反倾销税高于已付或应付临时反倾销税或担保金额的，差额部分不予征收；低于已付或应付临时反倾销税或担保金额的，差额部分应予退还或重新计算。

3. 甲、乙、丙中国企业代表国内某食品原料产业向商务部提出反倾销调查申请，要求对原产于A国、B国、C国的该原料进行相关调查。经查，商务部终局裁定确定倾销成立，对国内产业造成损害，决定征收反倾销税。根据我国相关法律规定，下列哪一说法是正确的？（2011-1-42，单）[1]

A. 反倾销税的纳税人是该原料的出口经营者

B. 在反倾销调查期间，商务部可以建议进口经营者作出价格承诺

C. 终裁决定确定的反倾销税额高于已付或应付临时反倾销税或担保金额的，差额部分不予征收

D. 终裁决定确定的反倾销税额低于已付或应付临时反倾销税或担保金额的，差额部分不予退还

【考点】反倾销措施

【解析】A错误。反倾销税的纳税人是该原料进口经营者。

B错误。在反倾销调查期间，商务部可以建议出口经营者作出价格承诺。

C正确，D错误。对实施临时反倾销税的期间追溯征收的，采取"多退少不补"原则，终裁决定确定的反倾销税高于已付或应付临时反倾销税或担保金额的，差额部分不予征收；低于已付或应付临时反倾销税或担保金额的，差额部分应予退还或重新计算。

4. 部分中国企业向商务部提出反倾销调查申请，要求对原产于某国的某化工原材料进口产品进行相关调查。经查，商务部终局裁定确定倾销成立，决定征收反倾销税。根据我国相关法律规定，下列哪一说法是正确的？（2012-1-41，单）[2]

A. 构成倾销的前提是进口产品对我国化工原材料产业造成了实质损害，或者产生实质损害威胁

B. 对不同出口经营者应该征收同一标准的反倾销税税额

C. 征收反倾销税，由国务院关税税则委员会做出决定，商务部予以执行

D. 与反倾销调查有关的对外磋商、通知和争端事宜由外交部负责

【考点】反倾销措施

【解析】A正确。反倾销的构成要件包括：存在倾销、损害行为、倾销与损害之间存在因

---

[1] C [2] A

果关系。而其中损害是指倾销对已经建立的国内产业造成实质损害或者产生实质损害威胁，或者对建立国内产业造成实质阻碍。《中华人民共和国反倾销条例》（以下简称《反倾销条例》）第2条规定："进口产品以倾销方式进入中华人民共和国市场，并对已经建立的国内产业造成实质损害或者产生实质损害威胁，或者对建立国内产业造成实质阻碍的，依照本条例的规定进行调查，采取反倾销措施。"

B错误。反倾销税税额不能实行统一征收标准。《反倾销条例》第41条规定："反倾销税应当根据不同出口经营者的倾销幅度，分别确定。对未包括在审查范围内的出口经营者的倾销进口产品，需要征收反倾销税的，应当按照合理的方式确定对其适用的反倾销税。"

C错误。《反倾销条例》第38条规定："征收反倾销税，由商务部提出建议，国务院关税税则委员会根据商务部的建议作出决定，由商务部予以公告。海关自公告规定实施之日起执行。"注意各主体的职权：商务部建议权，国务院关税税则委员会决定权，商务部公告权，海关执行权。

D错误，对外事宜是由商务部而不是外交部负责。《反倾销条例》第57条规定："商务部负责与反倾销有关的对外磋商、通知和争端解决事宜。"

5. 甲乙丙三国企业均向中国出口某化工产品，2010年中国生产同类化工产品的企业认为进口的这一化工产品价格过低，向商务部提出了反倾销调查申请。根据相关规则，下列哪一选项是正确的？（2014-1-42，单）[1]

A. 反倾销税税额不应超过终裁决定确定的倾销幅度

B. 反倾销税的纳税人为倾销进口产品的甲乙丙三国企业

C. 商务部可要求甲乙丙三国企业作出价格承诺，否则不能进口

D. 倾销进口产品来自两个以上国家，即可就倾销进口产品对国内产业造成的影响进行累积评估

【考点】反倾销措施

【解析】A正确。反倾销的税率不得高于倾销幅度，倾销幅度是被控产品的正常价格与实际出口价格之间的差额，差额越大，倾销幅度越大。反倾销税原则上不追溯征收，追溯征收的，实行多退少不补。

B错误。反倾销税的纳税人是进口倾销产品的进口商，出口商不得直接或间接代替进口商缴纳。

C错误。在倾销调查的肯定性初裁作出后，被控倾销的出口商与进口国主管当局可以在双方自愿基础上签订价格承诺协定。进口国主管当局若接受了承诺应停止调查。进口国主管当局也可以采用征收反倾销税的方式。但在反倾销个案的终局裁定中，征收反倾销税和接受价格承诺不能同时并用。

D错误。对来自不同国家的进口产品造成的影响累计评估需要满足特定的条件。并非D项中所说"即可"进行累计评估。《反倾销条例》第9条第1款规定："倾销进口产品来自两个以上国家（地区），并且同时满足下列条件的，可以就倾销进口产品对国内产业造成的影响进行累积评估：

（一）来自每一国家（地区）的倾销进口产品的倾销幅度不小于2%，并且其进口量不属于可忽略不计的；（二）根据倾销进口产品之间以及倾销进口产品与国内同类产品之间的竞争条件，进行累积评估是适当的。"

---

[1] A

6. 应国内化工产业的申请，中国商务部对来自甲国的某化工产品进行了反倾销调查。依《反倾销条例》，下列哪一选项是正确的？（2016 - 1 - 42，单）[1]

A. 商务部的调查只能限于中国境内

B. 反倾销税税额不应超过终裁确定的倾销幅度

C. 甲国某化工产品的出口经营者必须接受商务部有关价格承诺的建议

D. 针对甲国某化工产品的反倾销税征收期限为 5 年，不得延长

【考点】反倾销调查和措施

【解析】A 错误。倾销是指在正常贸易过程中进口产品以低于其正常价值的出口价格进入进口国市场。对倾销的调查和确定，由商务部负责。进口产品的正常价值确定需使用同类产品在出口国的可比价格、出口到第三国的可比价格或推定的原产国构成价格。因此，商务部在反倾销调查中为确定产品正常价值，需要调查其同类产品的国外价格，此类调查并不限于中国境内。

B 正确。《反倾销条例》第 42 条规定："反倾销税税额不超过终裁决定确定的倾销幅度。"

C 错误。《反倾销条例》第 31 条规定："……商务部可以向出口经营者提出价格承诺的建议。商务部不得强迫出口经营者作出价格承诺。"因此出口经营者并非必须接受商务部有关价格承诺的建议。

D 错误。《反倾销条例》第 48 条规定："反倾销税的征收期限和价格承诺的履行期限不超过 5 年；但是，经复审确定终止征收反倾销税有可能导致倾销和损害的继续或者再度发生的，反倾销税的征收期限可以适当延长。"

7. 甲、乙、丙三国生产卷钢的企业以低于正常价值的价格向中国出口其产品，代表中国同类产业的 8 家企业拟向商务部申请反倾销调查。依我国《反倾销条例》，下列哪一选项是正确的？（2017 - 1 - 43，单）[2]

A. 如支持申请的国内生产者的产量不足国内同类产品总产量 25% 的，不得启动反倾销调查

B. 如甲、乙、丙三国的出口经营者不接受商务部建议的价格承诺，则会妨碍反倾销案件的调查和确定

C. 反倾销税的履行期限是 5 年，不得延长

D. 终裁决定确定的反倾销税高于已付的临时反倾销税的，差额部分应予补交

【考点】反倾销措施

【解析】《反倾销条例》第 17 条规定："在表示支持申请或者反对申请的国内产业中，支持者的产量占支持者和反对者的总产量的 50% 以上的，应当认定申请是由国内产业或者代表国内产业提出，可以启动反倾销调查；但是，表示支持申请的国内生产者的产量不足国内同类产品总产量的 25% 的，不得启动反倾销调查。"A 正确。

《反倾销条例》第 32 条规定："出口经营者不作出价格承诺或者不接受价格承诺的建议的，不妨碍对反倾销案件的调查和确定。出口经营者继续倾销进口产品的，商务部有权确定损害威胁更有可能出现。"B 错误。

《反倾销条例》第 48 条规定："反倾销税的征收期限和价格承诺的履行期限不超过 5 年；但是，经复审确定终止征收反倾销税有可能导致倾销和损害的继续或者再度发生的，反倾销税的征收期限可以适当延长。"C 错误。

---

[1] B　[2] A

《反倾销条例》第43条第3款规定："终裁决定确定的反倾销税，高于已付或者应付的临时反倾销税或者为担保目的而估计的金额的，差额部分不予收取；低于已付或者应付的临时反倾销税或者为担保目的而估计的金额的，差额部分应当根据具体情况予以退还或者重新计算税额。"反倾销税征收适用"多退少不补"原则。D错误。

8. 甲国某公司向中国出口一类商品，因价格过低涉及反倾销被商务部调查，该出口商向商务部作出价格承诺，以下正确的是？（2020－回忆版，多）[1]

A. 若该公司违反价格承诺，则商务部可以立即恢复反倾销调查

B. 若商务部拒绝该公司的价格承诺，应当告知理由

C. 在行政诉讼中，甲国某公司应对自己的主张举证

D. 出口商不得就价格承诺复审提起行政诉讼

【考点】价格承诺

【解析】根据《反倾销条例》第36条的规定，出口经营者违反其价格承诺的，商务部依照《反倾销条例》的规定，可以立即决定恢复反倾销调查。A项正确。

根据《反倾销条例》第33条的规定，商务部不接受价格承诺的，应当向有关出口经营者说明理由。B项正确。

根据《反倾销条例》第49条的规定，价格承诺生效后，商务部可以在有正当理由的情况下，决定对继续履行价格承诺的必要性进行复审；也可以在经过一段合理时间，应利害关系方的请求并对利害关系方提供的相应证据进行审查后，决定对继续履行价格承诺的必要性进行复审。D项错误。

根据《反倾销条例》第53条规定："对依照本条例第二十五条作出的终裁决定不服的，对依照本条例第四章作出的是否征收反倾销税的决定以及追溯征收、退税、对新出口经营者征税的决定不服的，或者对依照本条例第五章作出的复审决定不服的，可以依法申请行政复议，也可以依法向人民法院提起诉讼。"其中包含了商务部对继续履行价格承诺的必要性进行复审的情形。C错误。行政机关应举证。

9. 我国轧钢产业向商务部申请对从甲国进口的轧钢进行反倾销调查，商务部终局裁定确定倾销成立，对国内轧钢产业造成损害，决定征收反倾销税，根据我国相关法律规定，下列哪一选项是正确的？（2020－回忆版，单）[2]

A. 我国某轧钢企业认为其已经缴纳的反倾销税税额超过倾销幅度，可以向商务部申请退税

B. 反倾销税的纳税人应该是甲国轧钢出口商

C. 针对商务部的终局裁定，甲国轧钢出口商必须先申请行政复议，对结果不服才能提起行政诉讼

D. 针对商务部的终局裁定，甲国轧钢出口商只能申请行政复议，无权提起行政诉讼

【考点】价格承诺

【解析】反倾销税税额不得超过终局裁定确定的倾销幅度。A正确。

反倾销税的纳税人为倾销进口产品的进口经营者。B项错误。

对于反倾销税和价格承诺，商务部可以决定对其必要性进行复审；经利害关系方申请，商务部也可以对反倾销税和价格承诺的必要性进行复审。当事人也可以直接提起行政诉讼。C、D错误。

---

[1] AB 〔2〕 A

二、反补贴措施

10. 根据《中华人民共和国反补贴条例》，下列哪些选项属于补贴？ （2014－1－82，多）[1]

A. 出口国政府出资兴建通向口岸的高速公路

B. 出口国政府给予企业的免税优惠

C. 出口国政府提供的贷款

D. 出口国政府通过向筹资机构付款，转而向企业提供资金

【考点】《中华人民共和国反补贴条例》

【解析】 A 错误，B、C、D 正确。《中华人民共和国反补贴条例》第 3 条规定："补贴，是指出口国（地区）政府或者其任何公共机构提供的并为接受者带来利益的财政资助以及任何形式的收入或者价格支持。出口国（地区）政府或者其任何公共机构，以下统称出口国（地区）政府。本条第一款所称财政资助，包括：（一）出口国（地区）政府以拨款、贷款、资本注入等形式直接提供资金，或者以贷款担保等形式潜在地直接转让资金或者债务；（二）出口国（地区）政府放弃或者不收缴应收收入；（三）出口国（地区）政府提供除一般基础设施以外的货物、服务，或者由出口国（地区）政府购买货物；（四）出口国（地区）政府通过向筹资机构付款，或者委托、指令私营机构履行上述职能。"

11. 中国某产业认为甲国出口到中国的某商品构成政府补贴，侵害了中国企业的利益，提出反补贴调查申请。在反补贴调查中，甲国出口商拒绝提供相关证据。商务部终局裁定采取反补贴措施。下列选项正确的有哪些？（2021－回忆版，多）[2]

A. 该项政府补贴应具有专向性

B. 对于甲国出口商在行政诉讼中提供的，但在反补贴调查中依法应当提供而拒不提供的证据，人民法院一般不予采纳

C. 甲国出口商对商务部的终局裁定不服，可以提交 WTO 争端解决

D. 甲国出口商对商务部的终局裁定，可以申请复议，也可以向法院提起诉讼

【考点】《反补贴条例》

【解析】 A 正确。根据《中华人民共和国反补贴条例》第 4 条的规定，进行调查、采取反补贴措施的补贴，必须具有专向性。

B 正确。

C 错误。出口商不符合提交 WTO 争端解决的成员要求。

D 正确。符合《中华人民共和国反补贴条例》的规定。

三、保障措施

12. 根据我国相关法律规定，满足下列哪些条件，商务部才可决定采取保障措施？（2010－1－85，多）[3]

A. 进口产品数量增加

B. 进口产品数量增加是出口方倾销或补贴的结果

C. 进口产品数量增加并对生产同类产品的国内产业造成严重损害

D. 进口产品数量增加并对国内直接竞争产品的产业造成严重损害威胁

【考点】 我国的对外贸易管理制度—中国的贸易救济措施、保障措施

【解析】 A、B 错误，C、D 正确。采取保障措施的基本条件：

---

[1] BCD [2] ABD [3] CD

（1）进口产品数量增加：是指进口产品数量绝对增加或者与国内生产相比相对增加。

（2）对生产同类产品或者直接竞争产品的国内产业造成严重损害或者产生严重损害威胁。保障措施要求的损害程度重于反倾销或反补贴情形，即严重损害而不是实质损害。

（3）进口数量增加与国内产业受到损害存在因果关系。

上述3个条件必须同时符合方能采取保障措施。

13. 进口到中国的某种化工材料数量激增，其中来自甲国的该种化工材料数量最多，导致中国同类材料的生产企业遭受实质损害。根据我国相关法律规定，下列哪一选项是正确的？（2011－1－41，单）[1]

A. 中国有关部门启动保障措施调查，应以国内有关生产者申请为条件

B. 中国有关部门可仅对已经进口的甲国材料采取保障措施

C. 如甲国企业同意进行价格承诺，则可避免被中国采取保障措施

D. 如采取保障措施，措施针对的材料范围应当与调查范围相一致

【考点】 保障措施、《中华人民共和国保障措施条例》

【解析】 A错误。适用保障措施要求产业损害程度重于反倾销或反补贴要求的损害程度，即严重损害而不是实质损害，根据《中华人民共和国保障措施条例》，启动保障措施的方式包括两种：（1）与国内产业有关的自然人、法人或者其他组织，可以向商务部提出保障措施的申请；（2）必要时，商务部在没有收到此类申请时，也可以立案调查。

B错误。保障措施实施形式包括提高关税、数量限制等，保障措施针对的对象为正在进口的产品，不区分产品来源国。

C错误。价格承诺是出口商为了避免反倾销税或反补贴税，出口商可以通过承诺提高他们的出口价格的一种行为。价格承诺只能针对一国政府作出反倾销税或反补贴税的裁定而作出，不适用一国政府采取的保障措施。

D正确。《中华人民共和国保障措施条例》第23条规定："采取保障措施应当限于防止、补救严重损害并便利调整国内产业所必要的范围内。"

14. 根据《中华人民共和国保障措施条例》，下列哪一说法是不正确的？（2013－1－44，单）[2]

A. 保障措施中"国内产业受到损害"，是指某种进口产品数量增加，并对生产同类产品或直接竞争产品的国内产业造成严重损害或严重损害威胁

B. 进口产品数量增加指进口数量的绝对增加或与国内生产相比的相对增加

C. 终裁决定确定不采取保障措施的，已征收的临时关税应当予以退还

D. 保障措施只应针对终裁决定作出后进口的产品实施

【考点】 保障措施、《中华人民共和国保障措施条例》

【解析】 A、B、C正确，D错误。在初步裁定下，可以实施临时保障措施。《中华人民共和国保障措施条例》第16条规定："有明确证据表明进口产品数量增加，在不采取临时保障措施将对国内产业造成难以补救的损害的紧急情况下，可以作出初裁决定，并采取临时保障措施。临时保障措施采取提高关税的形式。"

15. 进口中国的某类化工产品2015年占中国的市场份额比2014年有较大增加，经查，两年进口总量虽持平，但仍给生产同类产品的中国产业造成了严重损害。依我国相关法律，下列哪一选项是正确的？（2015－1－43，单）[3]

---

〔1〕 D 〔2〕 D 〔3〕 B

A. 受损害的中国国内产业可向商务部申请反倾销调查

B. 受损害的中国国内产业可向商务部提出采取保障措施的书面申请

C. 因为该类化工产品的进口数量并没有绝对增加，故不能采取保障措施

D. 该类化工产品的出口商可通过价格承诺避免保障措施的实施

【考点】保障措施

【解析】A、B 两项，进口产品数量增加并对国内产业造成严重损害是保障措施而非反倾销措施适用的条件。A 错误，B 正确。

C 错误。保障措施中所称的"进口数量增加"包括绝对增加和相对增加。

D 错误。价格承诺是反倾销和反补贴的措施之一，保障措施没有价格承诺这种种类。

第五章　世界贸易组织

WTO 的主要法律制度

1. 甲乙丙三国为世界贸易组织成员，丁国不是该组织成员。关于甲国对进口立式空调和中央空调的进口关税问题，根据《关税与贸易总协定》，下列违反最惠国待遇的做法是：（2014 - 1 - 100，不定项）[1]

A. 甲国给予来自乙国的立式空调和丙国的中央空调以不同的关税

B. 甲国给予来自乙国和丁国的立式空调以不同的进口关税

C. 因实施反倾销措施，导致从乙国进口的立式空调的关税高于从丙国进口的

D. 甲国给予来自乙丙两国的立式空调以不同的关税

【考点】《关税与贸易总协定》原则

【解析】A 错误。乙国的立式空调和丙国的中央空调属于不同的产品，可以实行不同的关税，并不违反最惠国待遇原则。

B 错误。丁国不是世界贸易组织的成员。最惠国待遇原则要求一成员给予另一国家（包括 GATT 成员和非成员）的好处应当相应地给予所有其他成员，丁国不属于成员，所以可以对丁国的立式空调实行与乙国不同的进口关税标准。

C 错误。受不公平竞争损害的成员征收额外关税（反倾销、反补贴税）和采取贸易报复的方法补偿所受损失，正是非歧视原则的体现。最惠国待遇原则也是非歧视原则的体现，所以因实行反倾销措施导致的关税提高并不违反最惠国待遇原则。

D 正确。乙丙均为世界贸易组织成员，甲国对于乙丙的同一品种立式空调以不同关税，属于一成员给予另一国家在进出口货物方面的好处没有相应地给予另一成员，违反了最惠国待遇原则。

2. 甲乙二国均为世贸组织成员国，乙国称甲国实施的保障措施违反非歧视原则，并将争端提交世贸组织争端解决机构。对此，下列哪一选项是正确的？（2010 - 1 - 46，单）[2]

A. 对于乙国没有提出的主张，专家组仍可因其相关性而作出裁定

B. 甲乙二国在解决争端时必须经过磋商、仲裁和调解程序

C. 争端解决机构在通过争端解决报告上采用的是"反向一致"原则

D. 如甲国拒绝履行上诉机构的裁决，乙国可向争端解决机构上诉

【考点】保障措施、WTO 争端解决程序

---

[1] D　[2] C

【解析】A 错误。对争端方没有提出的主张，专家组不能作出裁定，即使相关专家提出了这样的主张。

B 错误。调解不是 WTO 争端解决机制的必经程序。

C 正确。所谓"反向一致"原则，实质上是指一票通过制，即除非争端解决机构一致不同意通过相关争端解决报告。

D 错误。争端解决机构设立的上诉机构，只受理对专家组报告的上诉，不受理争端方的上诉。

3. 甲、乙均为世界贸易组织成员方。乙称甲关于影像制品的进口管制违反国民待遇原则，为此向世界贸易组织提出申诉，并经专家组和上诉机构审理。对此，下列哪一选项是正确的？（2012 - 1 - 42，单）[1]

A. 甲、乙磋商阶段达成的谅解协议，可被用于后续争端解决审理

B. 专家组可对未在申请书中指明的诉求予以审查

C. 上诉机构可将案件发回专家组重审

D. 上诉案件由上诉机构 7 名成员中 3 人组成上诉庭审理

【考点】WTO 争端解决程序

【解析】A 错误。磋商阶段的磋商事项以及磋商的充分性，与设立专家组的申请以及专家组将作出的裁定没有关系，磋商仅仅是一种程序要求，因此磋商阶段达成的谅解协议与后续争端解决程序无关。

B 错误。专家组审查的范围仅仅局限于争端方申请内容，未申请的部分，专家组不能作出审查。

C 错误。上诉机构只审查专家组报告涉及的法律问题和专家组作出的法律解释。上诉机构可以推翻、修改或撤销专家组的调查结果和结论，但没有将案件发回专家组重新审理的权力。

4. 关于世界贸易组织争端解决机制的表述，下列哪一选项是不正确的？（2013 - 1 - 43，单）[2]

A. 磋商是争端双方解决争议的必经程序

B. 上诉机构为世界贸易组织争端解决机制中的常设机构

C. 如败诉方不遵守争端解决机构的裁决，申诉方可自行采取中止减让或中止其他义务的措施

D. 申诉方在实施报复时，中止减让或中止其他义务的程度和范围应与其所受到损害相等

【考点】WTO 争端解决程序

【解析】A、B 正确。

C 错误，D 正确。被裁定违反了有关协议的一方，应在合理时间内履行争端解决机构的裁定和建议，未履行的，经申诉方请求，争端双方应就双方均可接受的补偿进行谈判，如达不成补偿协议，原申诉方可以向争端解决机构申请授权报复，对被诉方中止减让或中止其他义务。

中止减让或其他义务，须符合下列条件：

（1）应在被认定为违反义务或造成利益丧失或受损的部门的相同部门实施；

（2）对相同部门采取上述行为不可行或无效时，可以对同一协议项下的其他部门实施；

（3）如对同一协议项下的其他部门实施依然不可行或无效时，可寻求中止另一协议项下的减让或其他义务；

---

[1] D [2] C

（4）中止减让或其他义务的程度和范围，应与其所受到的损害相等。被申诉方如认为程度不一致的，可以诉诸仲裁。

5. 甲、乙、丙三国均为世界贸易组织成员，甲国对进口的某类药品征收8%的国内税，而同类国产药品的国内税为6%。针对甲国的规定，乙、丙两国向世界贸易组织提出申诉，经裁决甲国败诉，但其拒不执行。依世界贸易组织的相关规则，下列哪些选项是正确的？（2015－1－80，多）[1]

A. 甲国的行为违反了国民待遇原则

B. 乙、丙两国可向上诉机构申请强制执行

C. 乙、丙两国经授权可以对甲国采取中止减让的报复措施

D. 乙、丙两国的报复措施只限于在同种产品上使用

【考点】WTO争端解决机制

【解析】A正确。甲国对进口的某类药品征收8%的国内税高于同类国产药品6%的国内税，明显地违反了国民待遇原则。

B错误，WTO争端解决机制中没有强制执行程序。

C正确。WTO的争端解决机构DSB对不执行裁定的一方的制裁手段是授权报复。

D错误。WTO争端解决机制规定的报复措施可以采用交叉报复，不是只能限于同类产品。

6. 甲、乙、丙三国均为WTO成员方，甲国给予乙国进口丝束的配额，但没有给予丙国配额，而甲国又是国际上为数不多消费丝束产品的国家。为此，丙国诉诸WTO争端解决机制。依相关规则，下列哪些选项是正确的？（2017－1－80，多）[2]

A. 丙国生产丝束的企业可以甲国违反最惠国待遇为由起诉甲国

B. 甲、丙两国在成立专家组之前必须经过"充分性"的磋商

C. 除非争端解决机构一致不通过相关争端解决报告，该报告即可通过

D. 如甲国败诉且拒不执行裁决，丙国可向争端解决机构申请授权对甲国采取报复措施

【考点】WTO争端解决机制

【解析】WTO争端只能由成员方提起，国内企业无权启动WTO争端解决程序。A错误。

磋商是申请设立专家组的前提条件，但磋商严格的时限条件使得磋商无论充分与否均不影响专家组的设立。B错误。

WTO争端解决机构通过专家组报告和上诉报告时适用"反向一致原则"，除非争端解决机构一致不通过相关争端解决报告，该报告即可通过。C正确。

报复是裁决得以执行的制约手段，但报复须经争端解决机构的授权，并非自动启动。D正确。

7. 甲国多家出口企业在乙国被终裁具有倾销行为，并征收了反倾销税，现这些出口企业欲进行相关法律救济，已知甲乙两国均为WTO成员方，那么以下说法正确的有：（2018－回忆版，多）[3]

A. 出口企业可以在乙国提起对乙国政府征税行为的行政诉讼

B. 甲国政府可以直接向乙国政府提起外交保护

C. 甲国政府可以在WTO起诉乙国政府违反其承担的WTO的相关义务

D. 如果乙国政府在WTO被裁决败诉，WTO有权责令乙国修改其本国的法律

【考点】WTO争端解决机制

---

[1] AC [2] CD [3] AC

【解析】外交保护的条件为：（1）一国国民权利因所在国国家不当行为受到侵害；（2）"国籍持续原则"；（3）"用尽当地救济原则"。出口企业应用尽当地救济，甲国政府不可以直接对乙国政府提起外交保护。反倾销、反补贴调查适用国内司法审查（行政诉讼）。A 正确，B 错误。

WTO 争端解决机制中，争端类型分为违反性申诉和非违反性申诉。（1）违反性申诉中，申诉方须证明被诉方违反协议，申诉成功，被诉方有义务修改或废除。（2）非违反性申诉中，申诉方无须证明违反，只需要证明自己的利益受损或者丧失，而申诉成功，被诉方无须修改或废止，但需要补偿。C 正确，D 错误。

8.《服务贸易总协定》规定了服务贸易的方式，下列哪一选项不属于协定规定的服务贸易？（2012－1－40，单）〔1〕

A. 中国某运动员应聘到美国担任体育教练

B. 中国某旅行公司组团到泰国旅游

C. 加拿大某银行在中国设立分支机构

D. 中国政府援助非洲某国一笔资金

【考点】《服务贸易总协定》

【解析】服务贸易有四种提供方式：

（1）跨境交付：指服务的提供者在一成员方的领土内，向另一成员方领土内的消费者提供服务的方式，如在中国境内通过电信、邮政、计算机网络等手段实现对境外的外国消费者的服务；

（2）境外消费：指服务提供者在一成员方的领土内，向来自另一成员方的消费者提供服务的方式，如中国公民在其他国家短期居留期间，享受国外的医疗服务；

（3）商业存在：指一成员方的服务提供者在另一成员方领土内设立商业机构，在后者领土内为消费者提供服务的方式，如外国服务类企业在中国设立公司为中国企业或个人提供服务；

（4）自然人流动：指一成员方的服务提供者以自然人的身份进入另一成员方的领土内提供服务的方式，如某外国律师作为外国律师事务所的驻华代表到中国境内为消费者提供服务。故 D 不属于服务贸易方式。

---

〔1〕 D

第六章 国际经济法领域的其他法律制度

第一节 知识产权的国际保护

1. 关于版权保护，下列哪一选项体现了《与贸易有关的知识产权协议》对《伯尔尼公约》的补充？（2010 – 1 – 41，单）[1]

A. 明确了摄影作品的最低保护期限

B. 将计算机程序和有独创性的数据汇编列为版权保护的对象

C. 增加了对作者精神权利方面的保护

D. 无例外地实行国民待遇原则

【考点】《保护文学艺术作品伯尔尼公约》和 TRIPS 比较

【解析】A 错误。此为 TRIPS 对《罗马公约》的修订：表演者和录制者保护期限为 50 年，广播组织的保护期限为 20 年。

B 正确。TRIPS 的保护对象扩大到计算机程序和有独创性的数据汇编。

C 错误。对作者精神权利方面的保护不是 TRIPS 的补充。

D 错误。TRIPS 要求各成员在知识产权保护上，实行国民待遇原则，但有例外情形，即坚持遵循《保护文学艺术作品伯尔尼公约》（以下简称《伯尔尼公约》）第 6 条和《罗马公约》第 16 条第 1 款的规定，允许特殊情形下，以近似互惠的保护代替因"作品国籍"原应享有的国民待遇。

版权保护方面，TRIPS 对《伯尔尼公约》的补充表现在：

（1）保护客体：将计算机程序和有独创性的数据汇编列入版权保护的对象。

（2）权利内容：增加了计算机程序和电影作品的出租权。

（3）追溯力：将《伯尔尼公约》有关追溯力的规定比照适用于表演者权及录音制品制作者权。

2. 李伍为惯常居所地在甲国的公民，满成为惯常居所地在乙国的公民。甲国不是《保护文学艺术作品伯尔尼公约》缔约国，乙国和中国是该公约的缔约国。关于作品在中国的国民待遇，下列哪些选项是正确的？（2012 – 1 – 82，多）[2]

A. 李伍的文章在乙国首次发表，其作品在中国享有国民待遇

B. 李伍的文章无论发表与否，其作品在中国享有国民待遇

C. 满成的文章无论在任何国家首次发表，其作品在中国享有国民待遇

---

[1] B [2] ACD

D. 满成的文章无论发表与否，其作品在中国享有国民待遇

【考点】《保护文学艺术作品伯尔尼公约》

【解析】A 正确，B 错误。甲国虽不是《保护文学艺术作品伯尔尼公约》缔约国，但乙国是缔约国，依据"作品国籍"原则，李伍的作品在中国享有国民待遇。但依照"作品国籍"原则要求作品必须发表。

C、D 正确。满成可以依据"作者国籍"原则在中国享有国民待遇，不论作品是否发表，根据《保护文学艺术作品伯尔尼公约》，有权享有国民待遇的国民包括"作者国籍"和"作品国籍"两类情况。"作者国籍"指公约成员国国民和在成员国有惯常住所地的非成员国国民，其作品无论是否出版，均应在一切成员国中享有国民待遇。"作品国籍"针对非公约成员国国民，其作品只要是在任何一个成员国出版，或者在一个成员国和非成员国同时出版（30 天之内），也应在一切成员国中享有国民待遇。

3. 甲国人柯里在甲国出版的小说流传到乙国后出现了利用其作品的情形，柯里认为侵犯了其版权，并诉诸乙国法院。尽管甲乙两国均为《伯尔尼公约》的缔约国，但依甲国法，此种利用作品不构成侵权，另外，甲国法要求作品要履行一定的手续才能获得保护。根据相关规则，下列哪一选项是正确的？（2014－1－43，单）[1]

A. 柯里须履行甲国法要求的手续才能在乙国得到版权保护

B. 乙国法院可不受理该案，因作品来源国的法律不认为该行为是侵权

C. 如该小说在甲国因宗教原因被封杀，乙国仍可予以保护

D. 依国民待遇原则，乙国只能给予该作品与甲国相同水平的版权保护

【考点】《保护文学艺术作品伯尔尼公约》

【解析】A 错误。根据《保护文学艺术作品伯尔尼公约》（以下简称《伯尔尼公约》）的自动保护原则，柯里无须履行甲国法手续，由于其已在甲国出版则自动获得乙国的版权保护。根据《伯尔尼公约》第 3 条，公约成员国国民和在成员国有惯常居所的非成员国国民，其作品无论是否出版，均应在一切成员国中享有国民待遇；非公约成员国国民，其作品只要是在任何一个成员国首次出版，或者在一个成员国和非成员国同时出版（30 天之内），也应在一切成员国中享有国民待遇。

B 错误，C 正确。根据《伯尔尼公约》第 5 条的版权独立性原则，享有国民待遇的人在公约任何成员国所得到的著作权保护，不依赖其作品在来源国受到的保护。

D 错误。根据《伯尔尼公约》，所说的"国民待遇"包含两方面的含义：（1）享有公约各成员国依本国法现在给予和今后可能给予其本国国民的权利；（2）享有公约特别授予的权利，即公约提出的最低保护要求。

4. 2011 年 4 月 6 日，张某在广交会上展示了其新发明的产品，4 月 15 日，张某在中国就其产品申请发明专利（后获得批准）。6 月 8 日，张某在向《巴黎公约》成员国甲国申请专利时，得知甲国公民已在 6 月 6 日向甲国就同样产品申请专利。下列哪一说法是正确的？（2013－1－41，单）[2]

A. 如张某提出优先权申请并加以证明，其在甲国的申请日至少可以提前至 2011 年 4 月 15 日

B. 2011 年 4 月 6 日这一时间点对张某在中国以及《巴黎公约》其他成员国申请专利没有任何影响

---

[1] C 〔2〕A

C. 张某在中国申请专利已获得批准，甲国也应当批准他的专利申请

D. 甲国不得要求张某必须委派甲国本地代理人代为申请专利

【考点】《巴黎公约》

【解析】A 正确。优先权的获得不是自动的，需要提出申请并提供证明文件。

B 错误。2011 年 4 月 6 日是张某可以主张优先权，且优先甲国公民的时间点。

C 错误。考查专利独立性原则。独立性原则的主要内容：

（1）关于外国人的专利申请或商标注册，应由各成员国依本国法决定，而不受原属国和其他任何国家就该申请作出的决定的影响；

（2）在优先权期限内的专利，在后申请是否提供保护、申请的结果如何，与在先申请没有关系。

D 错误。国民待遇原则的主要内容：公约规定，任何缔约国在知识产权的保护方面给予缔约国的国民和在一个缔约国领域内设有住所或真实有效的工商营业所的非缔约国国民以国民待遇。例外：各成员国在关于司法和行政程序、管辖以及选定送达地址或指定代理人的法律规定等方面，凡工业产权法有所要求的，可以保留。如有的国家的工业产权法要求外国专利申请人必须委派当地国家的代理人代理申请，并指定送达文件的地址。

5. 甲国人迈克在甲国出版著作《希望之路》后 25 天内，又在乙国出版了该作品，乙国是《保护文学和艺术作品伯尔尼公约》缔约国，甲国不是。依该公约，下列哪一选项是正确的？（2017 - 1 - 44，单）[1]

A. 因《希望之路》首先在非缔约国出版，不能在缔约国享受国民待遇

B. 迈克在甲国出版《希望之路》后 25 天内在乙国出版，仍然具有缔约国的作品国籍

C. 乙国依国民待遇为该作品提供的保护需要迈克履行相应的手续

D. 乙国对该作品的保护有赖于其在甲国是否受保护

【考点】《保护文学艺术作品伯尔尼公约》

【解析】根据《保护文学艺术作品伯尔尼公约》的"国民待遇"原则，非公约成员国国民，其作品只要在任何一个成员国首次出版（发表），或者在一个成员国和非成员国同时（30天之内）出版（发表），也应在一切成员国中享有国民待遇。A 错误，B 正确。

《保护文学艺术作品伯尔尼公约》明确规定，版权自动保护原则。C 错误。

根据公约的独立性原则，享有国民待遇的作品，在公约的任何成员国所得到的著作权保护，不依赖于其在来源国受到的保护。D 错误。

6. 香槟是法国地名，中国某企业为了推广其葡萄酒产品，拟为该产品注册"香槟"商标。依《与贸易有关的知识产权协议》，下列哪些选项是正确的？（2015 - 1 - 81，多）[2]

A. 只要该企业有关"香槟"的商标注册申请在先，商标局就可以为其注册

B. 如该注册足以使公众对该产品的来源误认，则应拒绝注册

C. 如该企业是在利用香槟这一地理标志进行暗示，则应拒绝注册

D. 如允许来自法国香槟的酒产品注册"香槟"的商标，而不允许中国企业注册该商标，则违反了国民待遇原则

【考点】《与贸易有关的知识产权协议》

【解析】A、B、C 三项，WTO《与贸易有关的知识产权协议》要求成员方采取措施禁止将地理标志做任何不正当竞争的使用或作为商标注册，此处还特别要求各成员采取法律手段，防

止任何人使用一种地理标志来表示并非来源于该标志所指地方的葡萄酒或烈酒。A 错误，B、C 正确。

D 项，"香槟"是法国地名，因此如允许来自法国香槟的酒产品注册"香槟"商标，并不会构成对地理标志权的侵害，但是如果允许中国企业注册该商标，就可能导致消费者误认误购，这与国民待遇无关。D 错误。

7. 中国甲公司与德国乙公司签订了一项新技术许可协议，规定在约定期间内，甲公司在亚太区独占使用乙公司的该项新技术。依相关规则，下列哪一选项是正确的？（2016 - 1 - 43，单）[1]

A. 在约定期间内，乙公司在亚太区不能再使用该项新技术
B. 乙公司在全球均不能再使用该项新技术
C. 乙公司不能再将该项新技术允许另一家公司在德国使用
D. 乙公司在德国也不能再使用该项新技术

【考点】国际技术贸易法律制度——国际许可协议

【解析】国际许可协议在实践中存在多种类型，包括独占许可协议、排他许可协议及普通许可协议等。其中，独占许可协议指在协议规定的时间和地域范围内，许可方授予被许可方技术的独占使用权，许可方不仅不能将该技术使用权另行转让给第三方，而且许可方自己也不能在该时间和地域范围内使用该项出让的技术。

A 正确。作为许可方的乙公司本身也不得在约定时间和地域内（亚太区）使用该技术。

B 错误。乙公司可以在约定地域以外的区域使用该技术。

C 错误。乙公司可以在亚太区以外使用该技术，自然也可以在亚太区之外的地区将该技术授予其他公司。

D 错误。乙公司可以在亚太区以外使用该技术，而德国在亚太区以外。

第二节　国际投资法

8. 根据《多边投资担保机构公约》，关于多边投资担保机构（MIGA）的下列哪一说法是正确的？（2011 - 1 - 44，单）[2]

A. MIGA 承保的险别包括征收和类似措施险、战争和内乱险、货币汇兑险和投资方违约险
B. 作为 MIGA 合格投资者（投保人）的法人，只能是具有东道国以外任何一个缔约国国籍的法人
C. 不管是发展中国家的投资者，还是发达国家的投资者，都可向 MIGA 申请投保
D. MIGA 承保的前提条件是投资者母国和东道国之间有双边投资保护协定

【考点】多边投资担保机构

【解析】A 错误。MIGA 承保的险别包括征收和类似措施险、战争和内乱险、货币汇兑险和违约险，违约是指政府违约。

B 错误。MIGA 所担保的合格投资者（投保人），必须是符合下列条件的自然人和法人：（1）该自然人不是东道国的国民；（2）该法人不具有东道国的法人资格或在该东道国设有主要营业地点；（3）相关法人的经营以商业盈利为目的。但如投资者和东道国的联合申请，且

---

[1] A　[2] C

用于投资的资本来自东道国境外，经机构董事会特别多数票通过，可将合格投资者扩大到东道国的自然人、在东道国注册的法人以及其他多数资本为东道国国民所有的法人。不具有法人资格的合伙视为具有未经注册的企业及公司的分部的地位，此类经济实体的所有权人可单独向机构申请投资担保，具有法人资格的合伙组织则可直接向机构申请担保。

C正确。《多边投资担保机构公约》只对东道国的资格作出了限制性规定，即机构只对向发展中国家成员领土内的投资予以担保，而对于投资者来自于发展中国家还是发达国家不作限制。

D错误。投资者母国与投资东道国之间的BIT不是合格投资的必要条件。公约在第12条（d）中规定了MIGA在担保一项投资时，应对投资项目的经济合理性、合法性进行审查，审查的标准为：（1）该项投资的经济合理性及其对东道国的贡献；（2）该项投资是否符合东道国的法令；（3）该项投资与东道国宣布的发展目标和重点是否相一致；（4）东道国的投资条件，包括该投资是否得到公正与公平待遇及法律保护。如果东道国与投资者母国之间订有双边投资条约，则可认为构成了充分的法律保护。

9. 甲国公司在乙国投资建成地热公司，并向多边投资担保机构投了保。1993年，乙国因外汇大量外流采取了一系列的措施，使地热公司虽取得了收入汇出批准书，但仍无法进行货币汇兑并汇出，甲公司认为已发生了禁兑风险，并向投资担保机构要求赔偿。根据相关规则，下列选项正确的是：（2014-1-99，不定项）[1]

A. 乙国中央银行已批准了货币汇兑，不能认为发生了禁兑风险

B. 消极限制货币汇兑也属于货币汇兑险的范畴

C. 乙国应为发展中国家

D. 担保机构一经向甲公司赔付，即代位取得向东道国的索赔权

【考点】货币汇兑险

【解析】A错误，B正确。由于乙国因采取措施使得地热公司虽取得了收入汇出批准书但仍无法进行货币汇兑并汇出，实际上无法兑换成自由货币，已经发生了禁兑风险。

货币汇兑险是指由于东道国政府的责任而采取的任何措施，限制将其货币转换成可自由使用货币或担保权人可接受的另一货币，并汇出东道国境外，包括东道国政府未能在合理的时间内对该保险人提出的此类汇兑申请做出行动。东道国政府的限制措施，是指限制转移的一切新措施，无论是直接的还是间接的，法律上规定的或是事实上存在的；同时，东道国的这些措施既包括积极的作为，也包括消极的不作为。此外，MIGA在其《业务细则》中还规定，MIGA对于投资者在东道国货币兑换成其他货币时可能受到的汇率歧视也予以担保。

C正确。根据《多边投资担保机构公约》第14条和第15条，合格投资所在的东道国必须同时满足以下条件：（1）必须是一个发展中国家会员国，因为MIGA只对发展中国家会员国领土内所做投资予以担保；（2）必须是一个同意担保特定投资风险的国家。公约规定，在东道国同意就指定的风险予以担保之前，MIGA不得缔结任何担保合同。

D正确。MIGA一经向投保人支付或同意支付赔偿，即代位取得投保人对东道国或其他债务人所拥有的有关承保投资的各种权利或索赔权。

10. 甲国T公司与乙国政府签约在乙国建设自来水厂，并向多边投资担保机构投保。依相关规则，下列哪一选项是正确的？（2016-1-44，单）[2]

A. 乙国货币大幅贬值造成T公司损失，属货币汇兑险的范畴

---

[1] BCD　[2] D

B. 工人罢工影响了自来水厂的正常营运，属战争内乱险的范畴

C. 乙国新所得税法致 T 公司所得税增加，属征收和类似措施险的范畴

D. 乙国政府不履行与 T 公司签订的合同，乙国法院又拒绝受理相关诉讼，属政府违约险的范畴

【考点】 多边投资担保机构

【解析】 根据《多边投资担保机构公约》，货币汇兑险是指"东道国政府采取新的措施，限制其货币兑换成可自由使用货币或被保险人可接受的另一种货币，及汇出东道国境外，包括东道国政府未能在合理的时间内对该被保险人提出的此类汇兑申请作出行动。"仅仅是货币的大幅贬值并不构成货币汇兑险。A 错误。

战争内乱险是指"东道国境内任何地区的任何军事行动或内乱"，并不包括工人罢工。B 错误。

征收和类似措施险是指"东道国政府采取立法或行政措施，或懈怠行为，实际上剥夺了被保险人对其投资的所有权或控制权，或其应从该投资中得到的大量收益。但政府为管理其境内的经济活动而通常采取的普遍适用的非歧视性措施不在此列"。国家新所得税法即属于"政府为管理其境内的经济活动而通常采取的普遍适用的非歧视性措施"，不构成征收和类似措施险。C 错误。

政府违约险是指"东道国政府不履行或违反与被保险人签订的合同，并且（1）被保险人无法求助于司法或仲裁机关对其提出的有关诉讼作出裁决，或（2）该司法或仲裁机关未能在担保合同根据机构的条例规定的合理期限内作出裁决，或（3）虽有这样的裁决但未能执行。"乙国政府不履行合同，又因为法院拒绝受诉而无法求助于司法或仲裁机关对其提出的有关诉讼作出裁决，应属于政府违约险的范畴。

11. 甲国某公司要到乙国投资建设一个垃圾处理厂，并与乙国政府签订了垃圾处理合同，后乙国因为环境政策的改变增加了环境保护税。乙国政府遂以该合同履行不再具有经济意义为由拒绝履行该合同。现该公司寻求相关的法律救济措施。以下说法正确的有？（2018 - 回忆版，多）[1]

A. 乙国政府的做法属于政府违约行为

B. 乙国政府的行为属于征收或类似措施行为

C. 如果该公司寻求多边投资担保机构进行理赔，应以用尽乙国当地救济为前提条件

D. 多边投资担保机构进行理赔后，可以直接向乙国政府主张代位求偿

【考点】 多边投资担保机构

【解析】 多边投资担保机构承保的险别为：货币汇兑险、征收或类似措施险、战争内乱险和政府违约险等。征收或类似措施险指承保（1）剥夺投资者对其投资的所有权或控制权，或（2）剥夺投资产生的大量效益。政府违约险指承保东道国违约且投资者无法寻求当地救济。A 正确，B 错误。MIGA 理赔不以用尽当地救济为前提。C 错误。多边投资担保机构理赔后，取得了代位求偿权，因此，可以向乙国政府主张代位求偿。D 正确。

12. 关于《解决国家和他国国民间投资争端公约》和依其设立的解决国际投资争端中心，下列哪些说法是正确的？（2011 - 1 - 81，多）[2]

A. 中心管辖直接因投资引起的法律争端

B. 中心管辖的争端必须是关于法律权利或义务的存在或其范围，或是关于因违反法律义

---

[1] AD [2] ABCD

务而实行赔偿的性质或限度的

C. 批准或加入公约本身并不等于缔约国承担了将某一特定投资争端提交中心调解或仲裁的义务

D. 中心的裁决对争端各方均具有约束力

【考点】《解决国家和他国国民间投资争端公约》

【解析】A、B正确。根据《解决国家和他国国民间投资争端公约》，中心受理一缔约国和另一缔约国国民之间直接因投资而产生的任何法律争端。对于何为"投资"，公约本身没有规定，可以由当事方自主决定。对于"法律争端"，董事会报告认为，争端必须是关于法律权利或义务的存在或其范围，或是关于因违反法律义务而实行赔偿的性质或限度的。

C正确。批准或加入公约本身并不等于缔约国承担了将某一特定投资争端提交中心调解或仲裁的义务。

D正确。中心的裁决对于争端双方均具有约束力，不得进行任何上诉或采取任何其他除本公约规定之外的补救办法。

13. 甲国A公司在乙国投资设立B公司，并就该投资项目向多边投资担保机构投保货币汇兑险。A公司的某项产品发明在甲国首次申请专利后又在乙国提出专利申请，同时要求获得优先权保护。甲乙两国都是《多边投资担保机构公约》和《保护工业产权巴黎公约》的缔约国，下列哪些判断是正确的？（2020 - 回忆版，多）[1]

A. 乙国应为发展中国家

B. 乙国外汇管制是商业风险，不属于担保范围

C. 若A公司的专利申请在甲国被驳回，也不影响在乙国的优先权

D. 乙国有权要求以本国专利代理机构代理相关事项

【考点】《多边投资担保机构公约》《保护工业产权巴黎公约》

【解析】A正确。根据《多边投资担保机构公约》，机构只对向发展中国家成员领土内的投资予以担保。

货币汇兑险，承保由于东道国的责任而采取的任何措施，使投资人无法自由将其投资所得、相关投资企业破产的清算收入及其他收益兑换成可自由使用的货币，或依东道国的法律，无法将相关收益汇出东道国的风险。外汇管制属于政治风险。B错误。

《巴黎公约》在优先权期限届满之前，后来在其他缔约国提出的申请，均不因在此期间内他人所做的任何行为而失效。在先申请的撤回、放弃或驳回不影响该申请的优先权地位。C正确。

国民待遇的例外是各成员国在关于司法和行政程序、管辖以及选定送达地址或指定代理人的法律规定等方面，凡工业产权法有所要求的，可以保留。如有的国家的工业产权法要求外国专利申请人必须委派当地国家的代理人代理申请，并指定送达文件的地址，以利于程序的进行。D正确。

14. 甲、乙均为《解决国家和他国公民间投资争端公约》缔约国。甲国A公司拟将与乙的争端提交根据该公约成立的解决国际投资争端中心。对此，下列哪一选项是不正确的？（2012 - 1 - 43，单）[2]

A. 该中心可根据A公司的单方申请对该争端行使管辖权

B. 该中心对该争端行使管辖权，须以A公司和乙书面同意为条件

C. 如乙没有特别规定，该中心对争端享有管辖权不以用尽当地救济为条件

D. 该中心对该争端行使管辖权后，可依争端双方同意的法律规则作出裁决

【考点】《华盛顿公约》中关于 ICSID 的管辖权

【解析】A 错误，B 正确。根据《解决国家和他国公民间投资争端公约》（也称《华盛顿公约》），中心仅对争端双方书面同意提交给 ICSID 裁决的争端有管辖权，单方不能申请中心对争端行使管辖权。

C 正确。根据《华盛顿公约》第 26 条，缔约国可以要求用尽当地各种行政或司法补救办法，作为其同意根据本公约交付仲裁的一个条件。也就是说，ICSID 仲裁机制并没有特别强调用尽当地救济原则的必须适用性。

D 正确。根据《华盛顿公约》第 42 条，中心仲裁庭应依争端双方同意的法律规则对争端作出裁决，如双方没有对应适用的法律规则达成协议，则适用作为争端一方的缔约国的国内法以及可以适用的国际法规则。仲裁庭不得以没有明确的法律规定或法律规定含义不清而不作出裁决。

15. 甲国惊奇公司的创新科技产品经常参加各类国际展览会，该公司向乙国的投资包含了专利转让，甲、乙两国均为《巴黎公约》和《华盛顿公约》（公约设立的解决国际投资争端中心的英文简称为 ICSID）的成员。依相关规定，下列哪些选项是正确的？（2017 - 1 - 81，多）[1]

A. 惊奇公司的新产品参加在乙国举办的国际展览会，产品中可取得专利的发明应获得临时保护

B. 如惊奇公司与乙国书面协议将其争端提交给 ICSID 解决，ICSID 即对该争端有管辖权

C. 提交 ICSID 解决的争端可以是任何与投资有关的争端

D. 乙国如对 ICSID 裁决不服的，可寻求向乙国的最高法院上诉

【考点】《巴黎公约》临时性保护原则、ICSID 管辖权

【解析】《巴黎公约》的"临时性保护"原则，要求缔约国对在任何一个成员国内举办的或经官方承认的国际展览会上展出的商品中，可以取得专利的发明、实用新型、外观设计和可以注册的商标给予临时保护。A 正确。

ICSID 行使管辖权须满足三个条件：（1）主体方面：受理的争端限于一缔约国政府与另一缔约国国民的争端，但是在争端双方均同意的情况下，也受理东道国和受外国投资者控制的东道国法人之间的争端；（2）争端性质方面：受理的争端必须是直接因国际投资而引起的法律争端；（3）主观条件方面：需要争端双方出具同意中心管辖的书面文件。B 正确。

ICSID 受理的争端必须是直接因国际投资引起的法律争端。C"任何"的提法错误。

ICSID 一裁终局，裁决对争端各方均具有约束力。D 错误。

16. 为了促进本国汽车产业，甲国出台规定，如生产的汽车使用了 30% 国产零部件，即可享受税收减免的优惠。依世界贸易组织的相关规则，关于该规定，下列哪一选项是正确的？（2015 - 1 - 44，单）[2]

A. 违反了国民待遇原则，属于禁止使用的与贸易有关的投资措施

B. 因含有国内销售的要求，是扭曲贸易的措施

C. 有贸易平衡的要求，属于禁止的数量限制措施

D. 有外汇平衡的要求，属于禁止的投资措施

---

[1] AB [2] A

【考点】《与贸易有关的投资措施协议》

【解析】甲国"如生产的汽车使用了30%国产零部件，即可享受税收减免的优惠"的规定会促使本国的汽车制造商为了获得税收优惠扩大国产零部件的使用比例，最终的结果是使国产零部件的待遇高于进口同类零部件，明显违反了国民待遇原则。

17. 甲国法律要求外国投资者必须购买东道国的原材料。乙国认为该项措施违反了世界贸易组织《与贸易有关的投资措施协议》，从而诉诸世界贸易组织争端解决机构。下列说法正确的是：(2019 - 回忆版，单)[1]

A. 甲国的规定属于禁止使用外汇的数量限制

B. 《与贸易有关的投资措施协议》适用于货物、服务和知识产权交易相关的投资措施

C. 磋商是成立专家组之前的必经程序

D. 争端解决机构的受案范围仅涉及货物贸易和服务贸易争端，不受理因投资措施协议等引起的争端

【考点】《与贸易有关的投资措施协议》

【解析】A 错误。根据《与贸易有关的投资措施协议》，甲国法律的规定属于违反国民待遇的规定，具体说，属于当地成分要求限制。

B 错误。该协议只适用于货物贸易相关的投资措施，不适用于服务贸易和知识产权贸易。

C 正确。根据世贸组织的规定，为期60天的秘密磋商程序属于设立专家组的必经程序。

D 错误。根据世贸组织的规定，争端解决机构受理因违反任何世贸组织协议而引起的争端，可以将其理解为一个统一的、综合性的争端解决机构。

第三节　国际融资法

18. 甲国公司承担乙国某工程，与其签订工程建设合同。丙银行为该工程出具见索即付的保函。后乙国发生内战，工程无法如期完工。对此，下列哪些选项是正确的？(2011 - 1 - 82，多)[2]

A. 丙银行对该合同因战乱而违约的事实进行实质审查后，方履行保函义务

B. 因该合同违约原因是乙国内战，丙银行可以此为由不履行保函义务

C. 丙银行出具的见索即付保函独立于该合同，只要违约事实出现即须履行保函义务

D. 保函被担保人无须对甲国公司采取各种救济方法，便可直接要求丙银行履行保函义务

【考点】国际融资担保——见索即付保函

【解析】A 错误，B 错误，C、D 正确。见索即付担保，又称独立保函，指一旦主债务人违约，贷款人无须先向主债务人追索，即可无条件要求保证人承担第一偿付责任的保证。其特点是：

（1）无条件性，担保人仅凭受益人提出的要求即应付款，只需符合担保合同规定的手续即可，而不问付款要求是否有合理依据。索赔提供的证明文件只有书面形式的要求，保证人无须核实借款是否违约。保证人承担的是第一顺序的、独立的还款义务，一旦借款人不履约，贷款人事先无须对借款人采取各种救济方法，便可直接要求保证人承担还款责任。

（2）单一性，即担保人所承担的只是付款义务，而不是实际履行本应由借款人履行的义

---

[1] C　[2] CD

务。担保人的付款义务是独立的、非从属性的。

（3）独立性，见索即付保证是独立的，担保人所承担的义务独立于基础合同，担保人不能以基础合同的履行、修改或无效对抗受益人。

19. 中国甲公司在承担中东某建筑工程时涉及一系列分包合同和买卖合同，并使用了载明适用《见索即付保函统一规则》的保函。后涉及保函的争议诉至中国某法院。依相关司法解释，下列哪些选项是正确的？（2017-1-82，多）[1]

A. 保函内容中与《见索即付保函统一规则》不符的部分无效

B. 因该保函记载了某些对应的基础交易，故该保函争议应适用我国《民法典》有关保证的规定

C. 只要受益人提交的单据与独立保函条款、单据与单据之间表面相符，开立人就须独立承担付款义务

D. 单据与独立保函条款之间表面上不完全一致，但并不导致相互之间产生歧义的，仍应认定构成表面相符

【考点】见索即付保函

【解析】《见索即付保函统一规则》是任意性规定，保函内容中与其不符的部分以保函为准，并非无效。A错误。

《关于审理独立保函纠纷案件若干问题的规定》第3条第3款规定："当事人主张独立保函适用民法典关于一般保证或连带保证规定的，人民法院不予支持。"B错误。

见索即付保函与基础交易无关，只要"单单、单证一致"即承担付款义务。C正确。

《见索即付保函统一规则》第19条第2款规定："保函所要求的单据的内容应结合该单据本身、保函和本规则进行审核。单据的内容无需与该单据的其他内容、其他要求的单据或保函中的内容等同一致，但不得矛盾。"可知审查见索即付保函表面一致与否适用"非歧义原则"而非"镜像原则"。D正确。

20. 中国某工程公司在甲国承包了一项工程，中国某银行对甲国的发包方出具了见索即付的保函。后甲国发包方以中国公司违约为由向中国银行要求支付保函上的款项遭到拒绝。以下说法哪项是正确的？（2018-回忆版，单）[2]

A. 如果工程承包公司是我国政府独资的国有企业，则银行可以以此为由拒绝向受益人付款

B. 中国银行可以主张保函受益人先向中国承包公司主张求偿，待其拒绝后再履行保函义务

C. 中国银行应对施工合同进行实质性审查后方可决定是否履行保函义务

D. 只要保函受益人提交的书面文件与保函要求相符，银行就必须承担付款责任

【考点】见索即付保函

【解析】根据2020年《关于审理独立保函纠纷案件若干问题的规定》，见索即付保函的特点：（1）独立性：不受基础合同效力的影响；（2）连带性：担保人没有先诉抗辩权；（3）无条件：受益人只需要提交符合保函要求的单据，开立人应立即付款。开立人不得要求受益人先向承包公司主张求偿或者进行实质性审查之后决定是否履行保函义务，单函、单单表面一致开立人即应向受益人付款。B、C错误，D正确。

开立人的义务在于单函、单单表面一致即付款，在不一致的情况下或者法院颁发止付令的

情况下可以拒绝付款，故不因承包公司的性质为政府独资的国有企业而拒绝付款。

21. 中国甲公司和美国乙公司签订天然气买卖合同，双方在合同中约定通过仲裁解决争端。中国甲公司委托中国银行开设了独立保函。现乙公司和中国银行因保函履行产生纠纷。根据我国法律的规定，下列说法正确的是：（2019 – 回忆版，多）〔1〕

A. 因天然气买卖合同明确约定通过仲裁解决纠纷，所以法院对该纠纷无权管辖

B. 中国银行住所地法院有权对该案进行管辖

C. 如我国法院受理该案，中国银行主张该独立保函属于一般保证的，法院不予支持

D. 如该独立保函存在欺诈，则中国银行住所地法院对该欺诈纠纷有管辖权

【考点】独立保函

【解析】A 错误。无论是独立保函纠纷案件还是独立保函欺诈案件，基础交易中约定的争端解决条款对独立保函案件均没有约束力。本题中天然气买卖合同是基础交易合同，其中约定的争端解决方式对独立保函纠纷案件没有约束力。"独立"就是独立于基础交易。

B 正确。我国《关于审理独立保函纠纷案件若干问题的规定》明确规定在当事人没有选择的情况下，被告人住所地法院和独立保函开立人住所地法院均对独立保函纠纷案件有管辖权。中国银行住所地法院属于开立人住所地法院，有管辖权。

C 正确。根据我国《关于审理独立保函纠纷案件若干问题的规定》，当事人以独立保函中记载基础交易为由认为独立保函应当适用民法典中关于一般保证和连带责任保证的，法院不予支持。

D 正确。根据我国《关于审理独立保函纠纷案件若干问题的规定》，在当事人没有选择的情况下，被告住所地法院和独立保函开立人住所地法院有权管辖独立保函欺诈案件。

22. 在一国际贷款中，甲银行向贷款银行乙出具了备用信用证，后借款人丙公司称贷款协议无效，拒绝履约。乙银行向甲银行出示了丙公司的违约证明，要求甲银行付款。依相关规则，下列哪些选项是正确的？（2016 – 1 – 81，多）〔2〕

A. 甲银行必须对违约的事实进行审查后才能向乙银行付款

B. 备用信用证与商业跟单信用证适用相同的国际惯例

C. 备用信用证独立于乙银行与丙公司的国际贷款协议

D. 即使该国际贷款协议无效，甲银行仍须承担保证责任

【考点】国际融资担保——备用信用证

【解析】备用信用证是开证行（担保人）应客户（借款人）要求开立的以贷款人为受益人的付款凭证，承诺在受益人出示信用证所规定的违约证明和票据时即向受益人付款。备用信用证最大的特点就是它独立于作为它的基础的借贷合同。C 正确。

只要开证行经审查认为证明符合信用证的规定，开证行即可付款。开证行不负责审查是否确实存在不履行贷款协议义务的违约事件，即毋需对违约的事实进行实质性审查。A 错误。也不负责审查贷款协议是否有效。只要贷款人提示的证件合格，开证行必须支付规定的款项，承担保证责任。D 正确。

备用信用证与一般商业跟单信用证不同，它不是国际贸易的支付方式，而本质上相当于银行作出的独立、连带保证。因此二者适用的国际惯例也不同。普通商业跟单信用证适用《跟单信用证统一惯例》（UCP600），UCP600 中的"信用证"的概念虽然包含备用信用证，但对备用信用证不能完全适用，也不适合，并未能全面涉及备用信用证中的问题。因此备用信用证需

要更加专门的行为规则及惯例。如国际商会发布的《国际备用证惯例》（ISP98），联合国通过的《联合国独立担保和备用信用证公约》等。B错误。

第四节 国际税法

23. 目前各国对非居民营业所得的纳税普遍采用常设机构原则。关于该原则，下列哪些表述是正确的？（2010-1-84，多）[1]

A. 仅对非居民纳税人通过在境内的常设机构获得的工商营业利润实行征税
B. 常设机构原则同样适用于有关居民的税收
C. 管理场所、分支机构、办事处、工厂、油井、采石场等属于常设机构
D. 常设机构必须满足公司实体的要求

【考点】来源地税收管辖权、常设机构原则

【解析】A正确，B错误。常设机构原则，是指仅对非居民纳税人通过在境内常设机构而获取的工商营业利润实行征税的原则。

C正确。常设机构包括：管理场所、分支机构、办事处、工厂、车间、作业场所、矿场、油井、采石场等，但不包括：陈列、展销、商品库存、为采购货物等而保有的场所，其他具有准备性、辅助性的固定场所。

D错误。常设机构包括的范围较广，不要求必须满足实体性。

常设机构利润范围的认定一般采取实际联系原则和引力原则。

实际联系原则，是指通过常设机构取得的营业利润，及与常设机构有关联的其他所得，包括股息、利息、特许权使用费等。例外：国际海运和航空运输业，不实行常设机构原则，一般由企业的实际管理机构所在国征税。

24. 中国人李某长期居住在乙国，并在乙国经营一家公司，在甲国则只有房屋出租。在确定纳税居民的身份上，甲国以国籍为标准，乙国以住所和居留时间为标准。根据相关规则，下列哪一选项是正确的？（2014-1-44，单）[2]

A. 甲国只能对李某在甲国的房租收入行使征税权，而不能对其在乙国的收入行使征税权
B. 甲乙两国可通过双边税收协定协调居民税收管辖权的冲突
C. 如甲国和乙国对李某在乙国的收入同时征税，属于国际重叠征税
D. 甲国对李某在乙国经营公司的收入行使的是所得来源地税收管辖权

【考点】税收管辖权、国际重复征税、国际重叠征税

【解析】A错误。李某是甲国居民纳税人，甲国基于居民税收管辖权可以要求本国纳税居民承担全球纳税义务。因此，甲国可以对李某在乙国的收入行使征税权。

B正确。在国际税收实践中，可以通过双边或多边税收条约或协定对彼此的居民税收管辖权与来源地税收管辖权的冲突进行协调。

C错误。甲国和乙国对李某在乙国的收入同时征税，不是国际重叠征税，而是国际重复征税。国际重复征税是指两个或两个以上的国家，对同一纳税人就同一征税对象，在同一时期课征相同或类似的税收。

D错误。来源国原则，或称领土原则，或来源地税收管辖权原则，是指一国政府针对非居

---

[1] AC [2] B

民纳税人就其来源于该国境内的所得征税的原则。甲国对李某在乙国经营公司的收入行使的是居民税收管辖权。

25. 为了完成会计师事务所交办的涉及中国某项目的财务会计报告，永居甲国的甲国人里德来到中国工作半年多，圆满完成报告并获得了相应的报酬。依相关法律规则，下列哪些选项是正确的？（2015-1-82，多）[1]

A. 里德是甲国人，中国不能对其征税
B. 因里德在中国停留超过了183天，中国对其可从源征税
C. 如中国已对里德征税，则甲国在任何情况下均不得对里德征税
D. 如里德被甲国认定为纳税居民，则应对甲国承担无限纳税义务

【考点】 税收管辖权

【解析】 来源地税收管辖权指一国政府针对非居民纳税人就其来源于该国境内的所得征税的权力。里德虽是甲国人，但其所得来源于中国，中国可根据来源地税收管辖权对其所得征税。具体来说，甲国人里德来到中国工作获得的报酬属于劳务所得。劳务所得包括独立个人劳务所得和非独立个人劳务所得。独立个人劳务所得，指个人独立从事独立性专业活动所取得的收入，本题中即属独立个人劳务所得。《个人所得税法》第1条第1款规定："在中国境内有住所，或者无住所而一个纳税年度内在中国境内居住累计满一百八十三天的个人，为居民个人。居民个人从中国境内和境外取得的所得，依照本法规定缴纳个人所得税。"A错误，B正确。

居民税收管辖权指一国政府对于本国税法上的居民纳税人来自境内及境外的全部财产和收入实行征税的权力。居民纳税人承担的是无限的纳税义务。如里德被甲国认定为纳税居民，则应对甲国承担无限纳税义务，即使中国已对其征税，甲国仍可根据居民税收管辖权对其征税。C错误，D正确。

26. 甲国A公司在乙国开设了十多家药店用于销售进口药品。后A公司发现乙国对其所销售的进口药品征收的国内税远远高于同类国产药品。甲国和乙国都是世界贸易组织成员方。下列说法正确的是：（2019-回忆版，多）[2]

A. 为保护本国医药企业，乙国有权对进口药品征收更高的国内税
B. A公司有义务就其在乙国开设的药店向乙国纳税
C. 乙国的做法违反了最惠国待遇原则
D. 乙国的做法违反了国民待遇原则

【考点】 国民待遇原则

【解析】 根据世界贸易组织中有关国民待遇原则的规定，进口产品的待遇不得低于国内同类产品。B正确。乙国可以对上述药店行使来源地税收管辖权。

27. 中国和新加坡都接受了《金融账户信息自动交换标准》中的"共同申报准则"（CRS）。定居在中国的王某在新加坡银行和保险公司均开设有账户，同时还在新加坡拥有房产和收藏品。根据该准则，下列说法正确的是：（2019-回忆版，多）[3]

A. 王某可以持有巴拿马护照为理由要求新加坡拒绝向中国报送账户信息
B. 如中国未提供正当理由，新加坡无需向中国提供王某的金融账户信息
C. 新加坡有义务向中国提供王某在保险机构的账户信息
D. 新加坡可以不提供王某在新加坡的房产和收藏品信息

【考点】 共同申报准则（CRS）

---

[1] BD [2] BD [3] CD

【解析】A 错误。CRS 是以税收居民身份为基础。根据《个人所得税法》，只要在我国境内有住所，或者无住所而一个纳税年度内在我国境内居住累计满一百八十三天，即可视为我国的纳税居民。根据我国法律的规定，自然人税收居民身份的确定和国籍无关。

B 错误。CRS 规定信息交换应该是无理由的，自动的，并且 1 年 1 次。

C、D 正确。CRS 中涉及的金融信息是广义的概念，银行、信托、保险均属于金融的范畴。投资海外房产、珠宝、艺术品、贵金属等不属于金融资产的品类，则不需要申报。

中国政法大学（简称法大）是一所以法学为特色和优势，兼有文学、历史学、哲学、经济学、管理学、教育学、理学、工学等学科的"211工程"重点建设大学。

法大的法律资格考试培训历史悠久，全国律师资格考试始于1986年，而1988年法大就开展了法律培训。2005年3月成立了中国政法大学司法考试学院，这是一所集法考研究、教学研究、辅导培训为一体的司法考试学院，2018年正式更名为中国政法大学法律职业资格考试学院。经过多年的积淀，法大法律职业资格考试学院被广大考生称为国家法律职业资格考试考前培训及法考研究、教学研究的大本营。

>>> 2022年法大法考课程体系 — 面授班型 <<<

	班型	上课时间	配套教材	标准学费（元）	阶段性优惠价格		
					21年11月30日前	22年1月10日前	22年2月28日前
主客一体面授班	尊享密训班	3月中旬-10月中旬	通用教材8本 + 金题8本 客观必考点 + 各科主观一本通	88000	客观不过退58000 主观不过退30000		
	面授精英A班	3月中旬-10月中旬	通用教材8本 + 金题8本 + 客观必考点 主观一本通对应阶段的讲义	59800	35800	39800	42800
	面授精英B班	5月上旬-10月中旬	金题8本 + 客观必考点 主观一本通对应阶段的讲义	49800	31800	35800	38800
	面授集训A班	6月中旬-10月中旬	金题8本 + 客观必考点 主观一本通对应阶段的讲义	39800	24800	26800	28800
	面授集训B班	7月上旬-10月中旬	金题8本+客观必考点 主观一本通对应阶段的讲义	32800	20800	23800	26800
	面授暑假班	8月中旬-10月中旬	金题8本 +客观必考点 主观一本通对应阶段的讲义	29800	17800	19800	21800
客观面授班	客观面授全程班	3月中旬-9月初	通用教材8本+金题8本+客观必考点	38800	26800	29800	32800
	客观面授冲刺班	8月底-9月初	客观必考点	8800	5980		
主观面授班	主观面授集训班	9月中旬-10月中旬	各科主观题一本通+对应阶段的讲义	22800	13800	16800	19800
	主观面授冲刺班	10月上旬-中旬	各科主观题一本通+对应阶段的讲义	10800	6800	7800	8800

更多课程详情联系招生老师 ➡

法大法考姚老师　　　法大法考张老师

📞 010-5890-8131　　🌐 http://cuploeru.com
📍 北京市海淀区西土城路25号中国政法大学研究生院东门

>>> 2022年法大法考课程体系 — 网络班型 <<<

班型		上课时间	配套教材	标准学费 (元)	阶段性优惠价格		
					21年11月30日前	22年1月10日前	22年2月28日前
主客一体网络班	网络高端班	3月中旬-10月中旬	通用教材8本+金题8本+客观必考点 各科主观一本通	29800	报名当年考不过退费，客观未通过退 19800，客观通过主观未通过退10000		
	网络决胜班	3月中旬-10月中旬	通用教材8本+金题8本+客观必考点 各科主观一本通	22800	17800	20800	21800
	网络全程班	3月中旬-10月中旬	通用教材8本+金题8本+客观必考点 主观一本通对应阶段的讲义	11800	6980	7980	8480
	网络VIP班	3月中旬-10月中旬	通用教材8本+金题8本+客观必考点 主观一本通对应阶段的讲义	16800	12800	13800	15800
	网络预热班	3月中旬-10月中旬	通用教材8本+金题8本+客观必考点 主观一本通对应阶段的讲义	11800	7980		
	网络精品班	3月中旬-10月中旬	通用教材8本+客观必考点 主观一本通对应阶段的讲义	8800	5980	6780	7280
	21网络 精品回放	随到随学	21年通用教材8本+21客观一本通 21主观一本通	5980	3980		
客观网络班	客观网络基础班	3月中旬-9月初	通用教材8本+金题8本+客观必考点	7980	4980	5780	6280
	客观网络强化班	4月下旬-9月初	金题8本+客观必考点	6980	3980	4980	5580
	客观网络提高班	5月中旬-9月初	客观必考点	4980	2980	3980	4280
	客观网络冲刺班	8月底-9月初	客观必考点	3980	1980	2580	2980
	客观基础课	随到随学	不含教材	3280	1980		
主观网络班	主观网络特训班	9月中旬-10月中旬 录播课程随到随学	各科主观题一本通	13800	9580	10800	11800
	主观网络强化班	9月中旬-10月中旬 录播课程随到随学	各科主观题一本通	11800	7980	8980	9580
	主观网络全程班	9月中旬-10月中旬	各科主观题一本通	9800	5980	6980	7980
	主观网络冲刺班	10月上旬-中旬	各科主观题一本通	3980	1980	2480	2980

温馨提示：1、缴纳学费后，因个人原因不能坚持学习的，视为自动退学，学费不予退还。 2、课程有效期内，不限次回放

—— 优质服务 全程陪伴 ——

★历年真题 ★在线模考题库 ★打卡学习 ★错题本 ★课件下载 ★思维导图 ★1V1在线答疑随时咨询

★有效期内不限次数回放 ★上课考试通知 ★报考指导 ★成绩查询 ★认定指导 ★就业服务

★配备专属教辅 ★客观/主观不过退费协议（部分班型） ★免费延期或重修1次（部分班型）

★专属自习室（部分班型） ★小组辅导 ★个人定制化学习通关和职业发展规划 ★颁发法大法考结业证

★共享法大法考校友圈 ★加入法律职业资格考试学院校友群 ★特殊服务 随时跟读